그림이 있어 쉽고 재미있는 세계사 이야기!!

재미있는 101장면
세계사 이야기

● 고대에서 현대까지 ●

한명준 엮음 | 이기호 그림

아이템북스

책머리에

 우리들이 살고 있는 지구촌 세계는 수많은 나라와 여러 종족들이 살아가고 있습니다.

어린이 여러분 지금 세계는 정보화 시대입니다.
우리가 정보화 시대를 살아가기 위해서는 남을 알아야 하고 그러기 위해서는 세계의 역사를 반드시 알아야 합니다. 역사는 과거의 정보이지만 오늘의 역사를 만든 밑거름이기 때문입니다.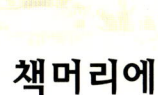

하루가 다르게 발전하고 있는 오늘날 세계의 변화를 따라잡기 위해서는 지구촌 각국의 민족과 그 나라의 역사를 알아야 슬기롭게 살아가는 지혜와 정보를 얻을 수 있습니다.

○ 이 책은 인류의 출현에서 시작하여 핵전쟁의 공포에 이르기까지 우리 인류의 역사 속에서 커다란 전기를 이루었다고 할 수 있는 대 사건 101가지를 가려 뽑아 정리하였습니다. 그리고 각 장면이 저마다 연결고리를 갖고 있어 한 사건씩 읽어나가는 동안 역사의 흐름을 한눈에 쉽게 알 수 있습니다.

어린이 여러분 이 책을 통해 옛것을 익히고 새로운 정신을 깨우치는 기회를 갖게 되기를 바랍니다.

차 례

1 인류의 출현 (3만 년 전) ▌18
2 원시인이 그린 동굴 벽화 (2만~1만 년 전) ▌20
3 농경 사회로의 출발 (기원전 7000년경) ▌22
4 공중 목욕탕의 출현 (기원전 3500년경) ▌24
5 모헨조다로의 유적 (기원전 3500년경) ▌26
6 도시의 출현 (기원전 3000년경) ▌28
7 수메르 인의 문자 발명 (기원전 3000년경) ▌30
8 이집트의 피라미드와 스핑크스 (기원전 2500년경) ▌32
9 인더스 문명 (기원전 2300년경) ▌34
10 함무라비 법전 (기원전 1800년경) ▌36
11 인도의 카스트 제도 (기원전 1500년경) ▌38
12 이스라엘 건국 (기원전 1230년경) ▌40
13 근대 올림픽의 역사 (기원전 776년) ▌42
14 로마의 평화 (기원전 700년경) ▌44
15 바벨탑과 공중 정원 (기원전 605~562년) ▌46
16 공자와 노자 (기원전 500년) ▌48
18 불교의 출현 (기원전 500년경) ▌50

19 페르시아 전쟁 (기원전 480년경) ▌52

20 위대한 철학자 소크라테스 (기원전 431년경) ▌54

21 알렉산더 대왕 (기원전 336년경) ▌56

22 만리 장성을 쌓은 시황제 (기원전 212년경) ▌58

23 실크 로드 (기원전 139년경) ▌60

24 율리우스 카이사르 (기원전 58년) ▌62

25 십자가에 못박힌 예수 (기원전 4년경~서기 30년경) ▌64

26 기독교의 박해 (서기 64년) ▌66

27 황건적의 난 (184년) ▌68

28 둘로 나뉜 로마 제국 (193년) ▌70

29 전한의 고조 유방 (207년) ▌72

30 게르만 민족의 대이동 (375~476년) ▌74

31 로마 제국의 멸망 (476년) ▌76

32 마호메트와 이슬람 교 (570년) ▌78

33 이슬람 제국의 전성기 (600~800년) ▌80

34 당나라의 멸망 (618~907년) ▌82

35 중국의 여황제 측천 무후 (660년) ▌84

36 바이킹 (900~1100년) ▌86

37 길드의 탄생 (1000~1300년경) ▌88

38 과거 제도 (1000~1400년경) ▌90

17 카노사의 굴욕 (1077년) ▌92

- 39 십자군 전쟁 (1096~1291년) ■ 94
- 40 세계를 정복한 칭기즈 칸 (1206~1227년) ■ 96
- 41 영국의 대헌장 (1215년) ■ 98
- 42 마르코 폴로 (1298~1299년) ■ 100
- 43 아비뇽 유수 (1309년) ■ 102
- 44 공포의 페스트 (14세기) ■ 104
- 45 르네상스 (1400~1600년) ■ 106
- 46 신대륙을 발견한 콜럼버스 (1492년) ■ 108
- 47 중세의 마녀 사냥 (1500~1700년) ■ 110
- 48 루터의 종교 개혁 (1517년) ■ 112
- 49 마젤란의 대항해 (1519~1521년) ■ 114
- 50 잉카 제국의 멸망 (1532년경) ■ 116
- 51 지동설을 주장한 코페르니쿠스 (1543년) ■ 118
- 52 영국의 인클로저 운동 (1600년) ■ 120
- 53 영국의 청교도 혁명 (1642~1646년) ■ 122
- 54 태양왕 루이 14세 (1643~1715년) ■ 124
- 55 러시아의 표트르 대제 (1682년) ■ 126
- 56 영국의 명예 혁명 (1688~1689년) ■ 128
- 57 황제가 된 나폴레옹 (1769~1821년) ■ 130
- 58 미국의 독립 (1775~1783년) ■ 132
- 59 프랑스 혁명 (1789~1795년) ■ 134

60 프랑스의 공포 정치 (1793년) ▮ 136

61 영국의 산업 혁명 (1800년 말) ▮ 138

62 아편 전쟁 (1840년~1842년) ▮ 140

63 마르크스의 '공산당 선언' (1848년) ▮ 142

64 제1회 만국 박람회 (1851년) ▮ 144

65 태평 천국의 난 (1851~1864년) ▮ 146

66 '진화론'을 주장한 다윈 (1859년) ▮ 148

67 세포이의 반란 (1859년) ▮ 150

68 남북 전쟁 (1861~1865년) ▮ 152

69 독일 제국의 통일 (1861년) ▮ 154

70 수에즈 운하의 개통 (1869년) ▮ 156

71 브나로드 운동 (1870년) ▮ 158

72 파리의 혁명 정권 (1871년) ▮ 160

73 발명왕 에디슨 (1879년) ▮ 162

74 러시아의 '피의 일요일' (1905년) ▮ 164

75 신해 혁명 (1911년) ▮ 166

76 제1차 세계 대전 (1914~1918년) ▮ 168

77 간디의 저항 운동 (20세기 초) ▮ 170

78 새로 등장한 무기들 (1916년) ▮ 172

79 10월 혁명 (1917년) ▮ 174

80 여성의 참정권 (1918년) ▮ 176

81 중국의 5·4운동 (1919년) ▮ *178*

82 국제 연맹의 성립 (1920년) ▮ *180*

83 세계 대공황 (1929~1932년) ▮ *182*

84 미국의 뉴딜 정책 (1933년) ▮ *184*

85 모택동과 대장정 (1934년) ▮ *186*

86 제2차 세계 대전 (1939~1945년) ▮ *188*

87 유태인의 수난 (1940년) ▮ *190*

88 원자 폭탄의 출현 (1945년) ▮ *192*

89 국제 연합의 탄생 (1945년) ▮ *194*

90 중동의 갈등 (1948년) ▮ *196*

91 중화 인민 공화국 수립 (1949년) ▮ *198*

92 매카디 선풍 (1950~1980년대) ▮ *200*

93 제3세계의 출현 (1955년) ▮ *202*

94 쿠바 사태 (1962년) ▮ *204*

95 아폴로 11호의 달 착륙 (1969년) ▮ *206*

96 석유값 파동 (1973년) ▮ *208*

97 고르바초프의 제도 개혁 (1986년) ▮ *210*

98 우루과이 라운드 협상 (1986년) ▮ *212*

99 독일의 통일 (1990년) ▮ *214*

100 지구에서 사라진 소련 (1991년) ▮ *216*

101 핵전쟁의 공포 (1991년) ▮ *218*

| 3만 년 전 |

1 인류의 출현

인류가 이 지구에 모습을 나타낸 것은 지금으로부터 약 2백만 년 전으로 생각하고 있습니다. 하지만 인류가 지구의 어느 곳에서 처음으로 모습을 보이게 되었는가는 아직까지 분명하게 알려지지 않고 있습니다.

지구상에서 가장 오래 된 인류의 화석으로는 아프리카의 오스트랄로피테쿠스 원인을 비롯하여 인도네시아의 자바 섬에서 발견된 자바 원인, 중국의 북경 근처에서 발견된 북경 원인 등이 있습니다.

이들 원인에 이어서 콜럼버스가 아메리카 대륙(신대륙)을 발견하기 이전인 구대륙(아시아·유럽·아프리카)의 각지에서 네안데르탈인으로 대표되는 호모 사피엔스(현명한 사람)가 나타났습니다. 이 때를 약 20만 년 전에서 7, 8만 년 전으로 보고 있는데, 이들은 죽은 사람을 묻을 때 시체를 구부려 꽃으로 꾸미고, 살았을 때 쓰던 물건들을 함께 묻었습니다.

그 후 지금으로부터 약 3만 년 전의 마지막 빙하기가 끝나갈 무렵에는 드디어 현생 인류가 나타났습니다. 그들은 구대륙 각지에서 나타나 차차 신대륙에도 옮겨 가 살게 되었는데, 주로 돌을 이용하여 생활에 필요한 여러 가지 도구를 만들어 썼기 때문에 이 때를 석기 시대라고 합니다.

 석기 시대는 다시 구석기 시대와 신석기 시대로 나누어지며, 구석기 시대에는 돌을 깨뜨려 날을 세운 비교적 간단한 석기, 곧 타제 석기를 사용했습니다.

 신석기 시대의 인류는 식물을 재배하여 거두어들이는 농경을 하게 되었고, 또한 동물들을 가축으로 길들여 고기와 털가죽을 얻는 목축업도 하게 되었습니다. 이 같은 농경과 목축 생활은 기원전 7천 년쯤 메소포타미아를 중심으로 하여 시작되었습니다.

2 원시인이 그린 동굴 벽화

2만~1만 년 전

1940년 9월의 어느 날이었습니다.
 프랑스의 도르도뉴 지방에서 10대 소년 4명에 의하여 라스코 언덕에서 원시인의 것으로 생각되는 한 동굴이 우연히 발견되었습니다. 호기심이 강한 소년들이 동굴 안으로 들어가자 벽에는 들에서 사는 말과 사슴, 멧돼지 등의 그림들로

가득 차 있었습니다.

 동굴이 처음 그 모습을 드러낸 곳은 스페인의 알타미라에서였습니다.

 알타미라의 영주인 자작은 고고학에 깊은 관심을 가지고 있는 사람으로, 어느 날 다섯 살인 딸을 데리고 동굴에 들어가 원시인이 사용했던 석기 따위를 찾고 있었습니다.

 동굴 안은 어두컴컴했고 벽은 금방이라도 무너질 것처럼 위험해 보였습니다. 딸은 유물 찾는 데에 정신을 쏟고 있는 아버지 곁을 떠나 동굴 안을 두리번거리다가 갑자기 아버지를 큰 소리로 불렀습니다.

 "아버지, 여기에 동물 그림이 그려져 있어요."

 딸의 외침을 들은 아버지는 그 곳으로 가서 딸이 가리키는 쪽을 바라보았습니다. 그랬더니 그 곳에는 정말로 들소를 비롯하여 야생마와 사슴들의 그림들이 그려져 있었습니다.

 동굴 벽화는 유럽의 300여 곳에서 발견되었습니다.

 처음에는 프랑스의 크로마뇽 지방에서 많이 발견되었기 때문에 크로마뇽 인의 작품이라는 것을 의심하지 않았으며, 우리는 이런 그림을 그려 놓은 사람들을 크로마뇽 인이라고 부릅니다. 크로마뇽 인은 인류의 직계 조상이 되었다고 믿고 있습니다.

기원전 7000년경

3 농경 사회로의 출발

인류는 4백만 년에 이르는 역사의 거의 대부분을 사냥과 고기잡이, 채집 생활로 이어왔습니다.

그러던 중 약 1만 년 전에 빙하기가 끝나고 기후가 따뜻하고 메말랐기 때문에 식물 채집과 사냥만으로는 살아갈 수 없는 곳이 생겼습니다.

이리하여 그런 지역에 사는 사람들은 숲과 들판에 불을 놓아 밭을 만들고 주위에서 자라는 야생 보리 등 특정 작물, 다시 말해서 곡물을 재배하여 비로소 인류 역사에서 농업이 시작된 것입니다.

좁은 공간에서 수확이 가능한 농업은 사람들의 수를 늘리고 생활을 크게 변화시켰습니다.

농업 이전에 사냥할 때는 사냥감이 많이 있는 지역을 찾아 돌아다녀 불편했으나, 농사를 지으면서부터는 곡식을 거두어들일 때까지 한 곳에 머물러 있어도 되었기 때문에 한결 편했습니다.

동굴에 살고 있던 사람들은 물이 있는 강가로 내려와 살았고, 또한 집이 필요했기 때문에 흙벽돌이나 나뭇가지 등을 이용해서 움막을 지었습니다.

그리고 동물도 사로잡아 집에서 길렀는데, 왜냐하면 동물이 새끼를 낳고 그 새끼를 키우면 고기를 먹을 수 있다는 사실을 알았기 때문이었습니다.

이 때부터 사람들은 점점 농사가 잘 되는 곳으로 모여들어 마을을 이루게 되었습니다.

그리고 많은 사람들이 힘을 모아 농사를 짓다 보니 기술도 점점 발전하고 생산량도 많아졌으며, 생활이 넉넉해지자 사람의 수도 점점 늘게 되었습니다.

이렇듯 사람들이 농사를 짓기 시작하자, 돌을 깨서 용도에 맞게 갈아 썼으므로 이를 신석기 시대라고 하며 농사를 짓기 시작하면서 일어난 이 모든 변화를 농업 혁명이라고 합니다.

4 공중 목욕탕의 출현

기원전 3500년경

공중 목욕탕을 처음으로 만든 나라는 인도입니다. 인도 사람들은 기후 때문에 목욕을 거르지 않고 날마다 했습니다. 그리하여 부엌이 없는 집은 있어도 목욕실이 없는 집은 거의 없었습니다. 그뿐 아니라 도시 중앙에는 커다란 공중 목욕탕이 있어서 인도 사람들은 신에게 제사를 드리기 전에 공중 목욕탕에서 목욕을 했습니다.

이 목욕탕은 동쪽에 있는 우물에서 욕실로 물이 들어와 몸을 씻은 물이 서쪽으로 흘러가도록 되어 있습니다.

그런데 이 곳에는 이처럼 큰 목욕탕은 있어도, 고대의 유적지에서 흔히 볼 수 있는 왕궁이나 신전 같은 건축물이 있었던 흔적은 보이지 않습니다. 아마도 이런 점에서 생각해 보면 모헨조다로 인들에게는 목욕이 하나의 종교적인 행사가 아니었는가 하는 것을 추측하게 됩니다.

즉 모든 사람들이 자기의 집에서 날마다 몸을 닦지만 어느 때는 모두 모여 목욕하는 제사를 올렸던 것이 아닐까 하는 것입니다. 신전이 없고 공중 목욕탕이 있는 것은 바로 그 때문일 것이라고 추측됩니다.

건축물을 아름답게 꾸몄던 흔적은 보이지 않습니다. 이는 지금은 사라진 목재 구조물에만 이렇게 꾸몄기 때문인 것으로 보입니다.

이 도시에서 발견된 조형 예술품 가운데 가장 아름다운 것은 이미 널리 알려진 팔찌 몇 개만을 두른 채 벌거벗고 춤추는 어린 소녀의 청동상입니다.

작지만 훌륭히 제작된 황소와 물소를 비롯한 도자기들도 많이 많이 발견되었습니다. 또한 머리를 멋있게 꾸민 한 여자의 동상이 발견되기도 했는데, 몇몇 작고 괴상한 동상은 남자의 상으로 보입니다. 어쨌거나 이들 조형물은 그 시대 사람들의 투박한 유머 감각을 잘 드러내 주고 있습니다.

기원전 3500년경

5 모헨조다로의 유적

인더스강의 하류 서쪽인 파키스탄에 '모헨조다로' 즉 '죽음의 언덕'이라고 불리는 거칠고 쓸쓸한 언덕이 있습니다. 그 언덕 위에는 탑의 흔적이 있습니다. 1922년경에 그 탑의 흔적을 발견했을 때 그 아래에 무엇인가 오래 된 유적이 있을 것이라는 기대를 가지고 발굴을 시작했습니다.

그리하여 약 10년에 걸친 모헨조다로의 대규모 발굴이 진행되었으며, 마침내 기원전 3500년경부터 1000년경까지 꽃피웠던 인더스 문명의 유적이 발견되었습니다.

이 곳은 지금으로부터 5000년 전 금석기를 사용하던 문명 시대의 최대 도시 유적으로, 뛰어난 도시 계획에 의하여 건설되었습니다.

도시 서쪽의 중앙은 진흙과 벽돌로 6~12미터 가량을 인공적으로 쌓아올려 주위를 압도하게 만들었고, 규모는 확실하지 않지만 구운 벽돌로 네모난 탑을 덧쌓아 이를 더욱 튼튼하게 했습니다. 정상 쪽에 있는 건물에서는 베란다로 둘러싸인 아름다운 욕조, 수조와 함께 커다란 주거용 구조물, 커다란 곡식 창고와 두 개 정도의 복도가 딸린 집회 장소가 있었던 것으로 확인되었습니다.

　요새로 보이는 이 건물은 유적 전체의 종교 의식과 관계된 본부가 있었던 것으로 보입니다.

　이 도시에 부엌이 없는 집은 있어도 욕실이 없는 집은 거의 없습니다. 마을에 있는 공동 목욕탕은 동쪽의 우물에서 물이 들어오고 서쪽으로 흘러가게 되어 있습니다.

　그런데 이렇게 커다란 공동 목욕탕은 있어도, 고대의 유적지에서 자주 볼 수 있는 왕궁이나 신전 같은 건축물의 흔적은 보이지 않습니다. 이런 것으로 미루어 볼 때 모헨조다로인들은 목욕을 종교적인 행사로 치르지 않았나 하는 생각을 갖게 합니다.

기원전 3000년경

6 도시의 출현

농사 기술이 발전하면서 인구가 늘어나고 이에 따라 농사를 지을 땅(농지)이 점점 모자라게 되었습니다.

그리하여 많은 사람들이 힘을 모아 새롭게 농토를 만들고 그 곳으로 농사짓는 데에 필요한 물이 갈 수 있게 물길을 만들었습니다. 이렇게 개척을 하는 중심지로 생겨난 것이 바로 도시입니다.

도시에 사는 사람들은 주위에 있는 농민들이 편안하게 농사를 지을 수 있도록 해주고, 그 대가로 식량을 확보했습니다. 한편, 도시는 도로와 수로를 고치거나 새로 만들어 주면서 농촌과 이어지고 점점 넓은 지역으로 퍼져 나갔습니다.

그리하여 도시는 주위의 농촌에 대한 지배를 굳힌 후에 더욱 안정되고 구조화된 도시 국가를 세우고 무역과 전쟁을 통하여 서로의 관계를 굳게 만들었습니다.

그런데 농촌에서는 여러 가지로 조건이 좋아져서 농사가 잘 되고 식량이 먹고도 남을 만큼 넉넉해지자, 남은 식량과 농토를 관리할 사람이 필요하게 되었습니다.

이렇게 되자 사람들은 마을에서 가장 존경을 받는 사람에게 농사에 대한 모든 일을 맡겼습니다. 그 일을 맡은 사람은 남은 식량과 농토를 관리하기 위해 규칙을 정하고, 사람들이 그 규칙에 따르도록 감시하는 관리자를 두는 한편, 자신은 도시의 지도자가 되었습니다.

그 때까지 농사지을 땅을 찾지 못하고 이곳 저곳을 떠돌아다니던 부족들은 틈만 있으면 땅을 빼앗기 위해서 종종 도시로 쳐들어오게 되었습니다. 이에 도시의 지도자는 그들 부족과 싸울 군대도 만들었으며, 이렇게 관리나 군대를 통해서 힘이 더욱 강해진 지도자는 비로소 왕이 되었습니다.

기원전 3000년경

7 수메르 인의 문자 발명

기원전 24세기가 되면서 셈 계 유목민인 아카드 인이 수메르 인의 도시 국가들을 점령했습니다.

수메르는 '갈대가 많은 지방'이라는 뜻으로 물을 다루기가 어렵고, 때때로 대홍수가 일어나 농토와 도시를 쓸어 버렸으며 혹독한 더위까지 사람들을 괴롭혔습니다.

《구약성서》의 〈창세기〉에는 노아의 방주 이야기가 나옵니다. 그것은 타락한 인간에 대해 분노하여 하느님이 대홍수를 일으켰는데 착하게 살던 노아의 일족만 방주(네모가 반듯한 배)를 타고 홍수를 피해 새로운 인류의 조상이 되었다는 이야기입니다. 이 이야기의 원형은 실은 수메르 사회였습니다.

메마르고 나무가 적은 메소포타미아에서는 질흙이 문명의 기초가 되었습니다. 볕에 말린 벽돌로 지은 신전, 부드러운 질흙판에 끝이 뾰족한 갈대로 만든 펜으로 쓰여진 쐐기 문자, 질흙 위를 굴리는 원통 인장들은 문명과 질흙과의 관계를 보여주고 있습니다.

기원전 3100년경에는 메소포타미아와 가까이에 있던 이집트 인들도 문자를 만들었는데, 그들도 또한 수메르 인들처럼 생활에 필요한 물건의 모양을 본떠서 그림으로 그려 표시했습니다. 그 그림은 오늘날 그대로 이집트의 글자가 되었지요. 이렇게 물건을 본뜬 그림 문자를 상형 문자라고 합니다.

동양에서는 중국 은나라에서 문자가 생겼습니다. 기원전 1500년경에 은나라에서는 제사를 지낼 때 짐승의 뼈나 거북의 등딱지를 불에 달구어 갈라진 금을 보고 미래를 점치는 풍습이 있었으며, 제사가 끝나면 짐승의 뼈나 거북 등딱지 뒷면에 점괘 내용을 새겨 놓았는데, 이것을 갑골 문자라고 합니다.

고대에서 현대까지

기원전 2500년경

8 이집트의 피라미드와 스핑크스

이집트를 통일한 왕의 권위를 나타내는 것으로는 죽은 후에 태양이 되는 왕의 관을 모시는 피라미드가 있었습니다. 이 피라미드의 네 변은 동서 남북을 정확하게 향하고 있는데, 왕의 사체를 넣은 묘실의 입구는 반드시 북쪽에 있고, 통로는 거의 북극성의 방향을 가리키고 있습니다.

피라미드의 수는 약 80개가 되는데, 제일 큰 것은 약 4400년에 만들어진 쿠푸 왕의 피라미드입니다. 쿠푸 왕의 피라미드는 높이가 146미터에 이르는데, 이 피라미드에는 평균 1.5톤의 돌 230만 개가 들었다고 합니다.

이 피라미드를 완성하기 위해서는 해마다 10만여 명이 3개월씩 공사에 동원되어 20년이 걸려 완성했다고 하니 그 크기를 짐작할 수가 있습니다.

피라미드의 곁에는 스핑크스가 있는데, 피라미드와 함께 유명합니다. 스핑크스는 길이가 72미터이며 높이가 20미터인 돌을 다듬어 만든 것으로서 앉아 있는 사자의 몸에 두건을 쓴 왕의 얼굴이 새겨져 있습니다.

이집트 인들은 파라오, 즉 왕이 죽으면 시체의 내장을 꺼내고 시체가 썩지 않도록 하는 식물의 즙에 담가 두었습니다. 그런 다음 시체를 말려 천으로 빈틈없이 말아 피라미드 안에 세워 두었는데, 이것을 '미라'라고 합니다.

미라의 옆에는 왕의 초상화를 그려 놓아 왕의 영혼이 제대로 찾아올 수 있게 했습니다. 또 왕이 살았을 때 썼던 물건들도 함께 넣었는데, 이렇게 넣어 둔 피라미드 안의 미라는 수천 년이 지난 오늘날까지도 썩지 않고 그대로 보존되어 있습니다.

9 인더스 문명

기원전 2300년경

인도 서북쪽을 흐르는 인더스 강은 길이가 약 3천 킬로미터인데 기원전 2300년경부터 이 강 유역에서 인더스 문명이 번성했습니다.

이 곳에 있던 모헨조다로와 하라파는 페르시아, 메소포타미아와 무역을 했습니다. 이들 두 나라는 모양과 크기가 똑같게 구운 벽돌로 세워졌으며, 포장된 도로와 하수 설비 및 성과 요새, 대목욕탕, 여러 개의 곡물 창고를 갖추고 있었습니다.

이 중에서 모헨조다로는 사방이 1.6킬로미터로서 도시 계획에 의하여 정확하게 세워졌습니다. 너비가 10미터인 큰길과 2~6미터인 작은 길이 바둑판처럼 시가지를 나누고 있으며, 집집마다 오수 저장 탱크가 있어서, 4분의 3이 차면 저절로 하수구를 통해 흘러가도록 되어 있었습니다.

모헨조다로의 전성기 때는 인구가 3만 명에 이르렀다고 합니다. 그들은 금석기를 사용했고 목면이 보급되었으며, 무역에 이용한 것으로 짐작되는 활석 인장에 새겨진 250~400 종류에 이르는 인더스 문자도 밝혀졌습니다.

그러나 이 문자는 단어만 있고 문장이 없어서 풀이를 못하고 있습니다. 그들은 오늘날 남부 인도에 살고 있는 드라비다 인으로 짐작되는데, 그들이 신성하게 여기는 소와 보리수 및 물의 정화력 등에 대한 신앙은 후세의 문명으로 이어졌습니다.

인더스 문명은 이렇게 번창했으나, 도시의 건설에 필요한 벽돌을 많이 구워 내려고 인더스 강 유역의 나무를 마구 베어냈습니다.

이리하여 홍수가 계속해서 일어나 기원전 1700년경에 이르러서는 망하고 말았습니다. 환경을 파괴함으로써 문명의 기반을 무너뜨리는 결과를 빚은 것입니다.

10 함무라비 법전

기원전 1800년경

바빌로니아는 수메르 인의 문화 후에 셈 계통의 유목민인 아무르 인이 세운 큰 왕국으로 기원전 18세기에 제6대 왕인 함무라비가 메소포타미아 전체를 통일했습니다.

함무라비는 도로와 운하를 정비하고 중앙 집권 체제를 굳게 했으며 경찰과 우편 제도를 만들고 바빌로니아 어를 사용하게 했습니다. 왕은 그 때까지 사용되고 있던 모든 법을 모아서 세계에서 가장 오래 된 성문법으로 일컬어지는 〈함무라비 법전〉을 만들었습니다.

함무라비 법전의 특징은 동태 복수법(남에게 피해를 입힌 사람은 그와 똑같은 형벌을 받아야 한다는 형벌로 반좌법이라고도 함)에 기초한 형벌로서 '눈에는 눈, 이에는 이'라는 형벌 규정 등이 들어 있습니다.

즉, 다른 사람의 눈을 상하게 했을 때는 그 사람의 눈도 상해져야 하고, 또 다른 사람의 이를 상하게 했을 때는 그 사람의 이도 상해져야 한다는 등의 내용입니다.

함무라비 법전은 오리엔트 여러 민족들의 법과 뒷날의 법에 큰 영향을 끼쳐 《구약 성서》에도 '눈에는 눈'이라는 구절이 들어 있습니다.

그 밖에도 이 법전의 제6조는 만일 신전이나 궁정의 물건을 훔칠 때에는 그 사람을 사형하고, 그 훔친 물건을 받은 사람도 사형합니다. 제21조는 만일 남의 집에 침입했을 때는 그가 들어온 자리에 데려가서 그를 죽인 후 땅에 묻습니다.

그리고 제25조는 불이 난 집에 불을 끄러 간 사람이 그 집 물건을 탐내 훔쳤을 때는 그를 불에 던져 죽게 하며, 제195조는 아들이 만일 자기 아버지를 때렸을 때는 아들의 손을 자르며, 또 제197조는 만일 남의 뼈를 부러뜨렸을 때는 그 사람의 뼈도 부러뜨리도록 법으로 정해 놓고 있습니다.

기원전 1500년경

11 인도의 카스트 제도

카스트 제도는 인도인의 신분을 가리키는 계급으로서, 곧 브라만·크샤트리아·바이샤·수드라로 구별합니다.

브라만은 종교 의식을 올리기 위한 특별한 지식과 자격을 지닌 최고의 자리를 차지한 계급입니다. 브라만 계급에 이어 두 번째인 크샤트리아는 왕족과 무사 계급이고, 다음에 농업 및 상업 등을 하는 일반 서민 계급을 바이샤라고 했습니다.

그리고 이들 계급 밑으로 노예 계급인 수드라가 있었습니다. 이 노예 계급은 대부분이 아리아 인이 정복한 다른 민족이었습니다. 각 카스트에 딸린 사람은 다른 카스트와 결혼을 할 수가 없고, 함께 식사도 할 수 없으며, 요리한 음식을 먹을 수도 없었습니다.

또한 각 카스트에는 조상으로부터 의무적으로 물려받아야만 되는 직업이 있었으며, 계급에 따라서는 그들만의 독특한 계율이 있었는데, 예를 들면 바다를 건너서는 안 된다는 계율을 지키는 카스트도 있었습니다.

그리고 4개의 계급 외에 몸에 닿기만 해도 더럽혀진다는 가장 낮은 층의 사람들, 곧 불가촉 천민도 있었는데 이들을 가리켜 '파리아'라고 합니다.

지방에 따라서는 파리아에게 강제로 방울을 달고 다니게 했는데, 방울 소리를 듣고 이들이 다가오는 것을 알기 위해서였습니다. 왜냐하면 이들이 다가오면 자기 몸이 더럽혀진다고 믿었기 때문입니다.

인도의 독특한 카스트 제도와 그에 따른 계급 차별은 기원전 1500년경에 초원을 떠돌아 다니던 유목민인 아리아 인이 인도에 들어오면서부터 생긴 제도입니다.

12 이스라엘 건국

기원전 1230년경

힛타이트 왕국이 멸망하고, 이집트도 쇠퇴의 길을 걷고 메소포타미아에도 강한 나라가 없던 시기에 이들의 가운데에 있는 시리아와 팔레스타인에 작은 나라들이 일어났습니다.

그 작은 나라들 가운데 시리아의 길고 좁은 해안 지방에서 일어난 것이 페니키아인데, 셈 어족에 딸린 페니키아 인이 사는 곳은 좁고 땅도 기름지지 못하여 농토가 거의 없었습니다.

페니키아 인은 상업을 하는 데에 필요함을 느껴 오리엔트 세계에서 쓰고 있던 글자를 쓰기 쉽게 고쳐서 22개의 자음으로 이루어진 알파벳을 만들었습니다.

한편, 페니키아 남쪽에는 특별한 민족이 살고 있었는데, 그들은 이스라엘 인이었습니다. 이스라엘이 역사 시대에 분명히 나타난 때는 기원전 1500년경으로 아브라함이 그 일족들을 거느리고 팔레스타인에 살면서부터였습니다.

그들은 양과 염소를 몰고 물과 풀을 찾아 옮겨 다니며 사는 유목민으로서 메소포타미아의 칼데아에서 팔레스타인에 왔다가, 아브라함의 손자 야곱 때에 흉년을 피해 이집트로 옮겨 갔습니다. 하지만 그 후로 이집트에 새로운 왕국이 세워지자 이집트 인은 이스라엘 인을 학대하기 시작했습니다.

이에 기원전 1230년경에 모세가 이스라엘 인을 이끌고 이집트를 탈출했습니다.

그 무렵, 크레타 섬에서 옮겨 온 것으로 생각되는 필리스타인이 이 지방 해안에 가자를 비롯한 몇 개의 도시 국가를 세웠습니다. 그런데 필리스타인과 이스라엘 사이에 싸움이 자주 일어났으며, 이에 이스라엘은 필리스타인과의 싸움에서 이기기 위해 사울을 초대 왕으로 삼았습니다.

그 후, 다윗이 사울의 신임을 얻어 제2대 왕이 되었습니다. 다윗은 왕위에 오르자 이웃의 여러 나라를 정복한 후에 수도를 예루살렘으로 정하고 이스라엘을 통일했습니다.

13 근대 올림픽의 역사

기원전 776년경

우리가 올림픽을 알기 위해서는 그리스 어의 올림피아를 알아야 합니다. 올림피아는 발칸 반도 남쪽 펠로폰네소스 반도의 북서쪽 아드리아 해안에서 육지 쪽으로 약 18킬로미터 들어간 피사 주변 지방에서 행해졌던 고대 그리스 인들이 숭배하던 제우스 신에게 바치던 제전을 말합니다.

올림피아는 하지가 지난 후 처음으로 돌아오는 보름날 하루만 열렸으며, 경기 종목도 직선 단거리 경주뿐이었습니다. 그러다가 점점 여러 가지 경기가 늘어났으며, 기원전 708년에는 레슬링을 비롯하여 5종 경기가 채택되었습니다.

이 5종 경기에는 멀리뛰기를 비롯하여 창던지기와 원반던지기 및 달리기였습니다. 기원전 632년에서 616년에는 소년들을 위한 경기도 열렸고, 완전 무장한 군인과 경기 진행을 맡은 나팔수들을 위한 경기도 열렸습니다.

기원전 472년에 열렸던 제77회 올림픽까지는 모든 경기가 하루에 끝났으나, 그 다음 대회부터는 4일 동안 열렸고, 5일

째에는 폐막식이 열렸으며, 이 폐막식에서는 우승한 선수들의 시상과 잔치가 베풀어졌습니다.

경기가 계속되는 동안에는 올림피아에 시장이 열리는데, 많은 사람들의 관심과 인기를 모았습니다. 이렇게 그리스의 민족적인 제전에서 그리스 인들은 모두가 하나라는 생각을 가지게 되었습니다.

올림피아 경기에 참가할 수 있는 사람은 노예와 여성을 뺀 그리스 인이었습니다. 그리스 인이 아닌 사람들은 구경만 할 수 있었고, 여자는 전차 경주에서 자신의 전차를 내보낼 수는 있었으나 경기에 나설 수는 없었습니다.

그러나 그리스가 로마에 점령당한 뒤에는 로마 인도 경기에 참가할 수가 있게 되었습니다.

기원전 700년경

14 로마의 평화

"**모든 길은** 로마로 통한다."

이 말처럼 로마와 길은 서로 떨어질 수 없는 관계가 있습니다. 기원전 7세기경에 라티움 인이 세운 도시 국가인 로마는 그 후 발전을 계속하여 대제국이 되었는데, 그렇게 되기까지에는 군대의 역할이 컸습니다.

이 군대에는 공병대도 있었으며 그들의 임무는 길을 만들어 점령지와 로마를 잇는 것이었습니다. 공병대가 닦은 길은 매우 단단하고 튼튼했는데, 길은 곧게 만들어야 한다는 생각을 가지고 있었으므로, 곧은 길을 닦기 위해서 산에 굴을 뚫기도 하고, 골짜기에 높은 다리를 놓기도 했습니다.

이렇게 닦은 길의 전체 길이는 8만5천 킬로미터에 이르렀다고 합니다. 로마 제국의 초대 황제가 나라를 다스린 후 2백 년 동안 로마는 평화를 누릴 수 있었는데, 이를 가리켜 '로마의 평화' 라고 합니다.

특히 로마의 다섯 황제 중 한 명인 트라야누스 때에 영토가 가장 넓어졌는데, 이러한 로마 제국의 모습을 그대로 간직하고 있는 곳이 폼페이의 유적입니다.

폼페이에는 신전을 비롯하여 관공서와 공중 목욕탕, 극장, 경기장 외에 부자와 서민들의 집과 가게들이 고스란히 남아 있습니다.

길은 돌로 포장되었고, 인도와 차도가 있으며, 곳곳에는 횡단 보도가 설치되어 있었고, 수도는 시가지 전체에 완벽하게 갖추어져 있기도 했습니다.

폼페이는 79년 8월 24~25일 대낮에 베수비오 화산의 대분화로 인해 눈 깜짝할 사이에 화산재에 묻힌 채 지구에서 사라져 버리고 말았습니다. 그러다가 1860년에 이르러 발굴이 시작되어 예전의 모습을 드러내게 되었습니다.

기원전 605~562년

15 바벨탑과 공중 정원

앗시리아 멸망 후 오리엔트 세계는 신 바빌로니아와 메디아, 소아시아에서 일어난 리디아와 다시 독립한 이집트를 합쳐 4국 대립 시대를 맞이하게 되었는데, 그 중에서 메소포타미아 평야를 지배하던 신 바빌로니아 왕국이 가장 강력했습니다.

신 바빌로니아의 수도인 바빌론은 옛 바빌로니아 때보다 더욱 발전했고, 강대해졌으며, 여러 신전과 궁전들이 하늘 높이 웅장하게 솟았습니다.

이 중에서 바벨탑과 공중 정원은 특히 유명합니다.

바벨탑에 대한 이야기는 《구약성서》의 〈창세기〉 제11장에도 적혀 있습니다. 이에 따르면 여호와가 인간의 죄악이 세상에 가득함을 보고 인류를 멸망시켜 버리기로 하고 40일 동안 많은 비를 내려 온 세상을 물로 가득 차게 했습니다. 이를 '노아의 대홍수'라고 하는데, 이 때에 살아 남은 노아의 자손들이 번창하여 일부는 서쪽으로 옮겨 가 살게 되었습니다.

이 곳에서 건방지고 버릇 없는 사람들이 하늘에 이르는 높은 탑을 세우려고 했습니다. 그러자 이 광경을 본 하느님이 저주를 내려 그들 사이에 여러 가지 언어를 뒤섞어 놓고 서로 말을 알아듣지 못하게 했습니다.

  이리하여 사람들 사이에 혼란이 일어났고, 마침내는 공사를 끝내지 못하고 말았습니다.

  한편, 공중 정원은 메마른 바빌론에 만든 인조 공원으로서 벽돌로 쌓아 그 안을 흙으로 채운 여러 층의 정원입니다. 각 층에는 온갖 나무와 꽃을 심어서 짐승과 새들이 살도록 해놓았고, 정원을 가꾸는 데에 필요한 물은 노예들을 시켜 유프라테스 강에서 길어 오도록 했습니다.

  공중 정원은 칼데아의 왕인 네부카드넷자르 2세가 메디아 사람인 자기의 아내인 왕비를 위해 만들었으며, 왕비는 이 정원에서 고향에 대한 그리움을 달랬다고 합니다.

기원전 500년경

16 공자와 노자

유가(유교의 학자나 학파)의 대표로 꼽히는 공자와 맹자는 효우(부모에 대한 효도와 형제에 대한 우애)의 가족 도덕을 밑바탕으로 하는 인간의 으뜸가는 덕목을 인이라 하고, 이것을 정치의 기본으로 삼았습니다.

공자의 이런 주장은 그가 쓴 《논어》라는 책에 쓰여 있습니다. 중국의 전국 시대 말기의 순자도 유가였으나, 인간의 본

디 성품은 착하다는 맹자의 성선설에 대하여, 순자는 인간의 본디 성품은 악하다는 성악설을 주장했습니다.

한편, 노자는 중국의 사상가 중에서 예부터 백성들에게 가장 친근한 감정을 느끼게 한 학자였습니다. 노자는 또 중국의 민간 종교로 많은 백성들이 믿는 도교를 처음으로 내세우기도 했습니다.

노자에 대한 이야기는 사마 천이 쓴 《사기》라는 역사책에 실려 있습니다. 이에 따르면 노자가 주나라에서 벼슬길에 나가 도서관 사서로 있을 때에 공자가 그를 찾아와서,

"예(예법)란 무엇을 말하는 것입니까?"

하고 묻자 노자는 공자를 향해서,

"솜씨가 뛰어난 장사아치는 물건을 깊숙이 넣어 두고, 가게는 텅 빈 것같이 꾸며 놓는다. 훌륭한 학자는 뛰어난 덕을 몸에 깊숙이 지니면서 그 얼굴은 미련한 사람처럼 보인다."

하고 대답했습니다.

공자의 가르침은 아주 훌륭해서 그의 가르침을 받기 위해 3천 명이나 되는 제자들이 모여들었습니다.

공자는 어지러운 세상을 보면서,

"아침에 도를 깨달으면 저녁에 죽어도 후회가 없다."

하고 탄식했습니다.

기원전 500년경

17 불교의 출현

불교를 일으킨 석가모니는 지금으로부터 2500여 년 전에 중인도 히말라야의 남쪽 기슭의 가비라위성에서 성주인 정반왕과 왕비인 마야의 아들로 태어났습니다.

처음 이름은 실달다로, 왕자인 그는 부자유라는 것을 몰랐으며, 모든 것에서 풍족함을 누리면서 살았습니다.

그런데 이렇게 부러울 것이 없이 살던 석가모니였으나, 왕궁 밖으로 나갈 때마다, 세상을 살아 가면서 온갖 고통을 받고 괴로워하는 사람들의 모습을 보게 되었습니다.

석가모니는 날이 갈수록 인생에 대해 점점 더 깊이 생각하게 되었으며, 이러한 모든 고통에서 인간을 구할 수 있는 길이 무엇인가 하는 생각이 머리 속에서 떠나지 안고 그를 밤낮없이 괴롭혔습니다. 그는 마침내 사랑하는 가족들의 곁을 떠나 마음 속의 욕망과 노여움, 어리석음을 풀기 위해 29세 때에 길을 떠났습니다.

석가모니는 마침내 35세 때에 깨달음을 얻은 후 이것을 전하기 위해 인도 각지를 돌아다니며 고통에 허덕이는 많은 사람들에게 자신의 깨달음을 가르쳤습니다.

그리하여 2년 안에 약 1,250명의 제자를 모아 불교라는 종교를 새로 열었으며, 갠지즈 강가에 있는 녹야원에서 제자와 일반인들을 가르쳤습니다.

 석가모니가 새로 내세운 불교는 자비로운 정신과 인류의 평등을 주장한 것으로, 그 후 인도를 비롯하여 다른 나라의 민족들에 받아들여졌고, 수많은 신도를 거느린 세계적인 종교의 하나가 되었습니다.
 석가모니는 그 후 45년 동안 불교를 전하려고 힘을 기울였습니다. 그리고 기원전 486년 2월 15일, 80세 때 고향으로 돌아가는 도중에 쿠시나가라의 사라 쌍수 밑에서 입적했습니다.

기원전 480년경

 페르시아 전쟁

그리스의 도시 국가들이 힘을 키우고 있을 때에 페르시아는 아시아로 세력을 뻗게 되었습니다. 그리고 마침내 그리스의 도시 국가를 손에 넣고 무거운 세금을 거두었습니다.

이렇게 되자 소아시아의 그리스 인은 반란을 일으켰고, 그리스 본토에서도 아테네와 친하게 지내는 에레트리아라는 나라에서 페르시아 군을 물리치기 위해 군대를 보냈으나 전

쟁에서 지고 말았습니다.

　전쟁에서 승리한 페르시아의 대왕 다리우스 1세는 원군을 보낸 아테네에 대해서 크게 화를 내면서 반드시 정복하고야 말겠다고 맹세했습니다.

　그리하여 기원전 490년에 다리우스는 2만 5천 명의 군사를 거느리고 먼저 에레트리아를 쳐부수고 아테네의 북동쪽에 있는 마라톤 해안에 상륙했습니다. 이에 아테네는 밀티아데스의 지휘 아래 1만 명의 군사로 페르시아의 대군을 맞아 결사적으로 싸운 끝에 그들을 물리쳤습니다.

　페르시아는 비록 마라톤의 전투에서 지기는 했으나, 아직도 싸울 수 있는 힘이 충분하여 다시 전쟁 준비를 했습니다.

　그러나 다리우스가 질병으로 죽고 그의 아들 크세르크세스가 뒤를 이었는데, 그는 기원전 480년에 수십만 명의 육군과 해군을 거느리고 그리스를 공격하여 테르모필레를 점령했습니다.

　테르모필레를 점령한 페르시아 군은 아테네를 향하여 물밀듯이 쳐들어왔습니다. 그러자 아테네의 제독 테미스토클로스는 그리스의 해군을 거느리고 페르시아의 해군을 공격하여 용감히 싸운 끝에 마침내 승리를 거두었습니다.

　이 때, 페르시아의 크세르크스 왕은 해전에서 페르시아 군이 패하자 대군을 그대로 남겨 두고 자기 나라로 달아나고 말았습니다.

기원전 431년경

19 위대한 철학자 소크라테스

기원전 492년에 일어난 페르시아 전쟁 이후 아테네를 중심으로 하여 민주 정치가 활발해지자 사람들은 자연의 문제에서 인간과 사회 문제에 사고의 중점을 두게 되었습니다.

이 무렵에 소크라테스가 아테네에 나타났습니다. 소크라테스는 중앙 광장과 시가지 한가운데서 행인들을 불러 세우고 '자신의 무지를 깨우치고 거기에서 새로운 진리를 찾도록 하라'고 말했습니다.

그러나 소크라테스는 기원전 431년에 일어난 펠로폰네소스 전쟁에서 그리스가 패전한 얼마 후에 '소크라테스는 이 나라 청년들을 타락시키고 나라와 백성이 숭배하는 신들을 믿지 않으며, 새로운 신의 숭배를 주장하고 있다'는 고발로 붙잡혀 감옥에 갇히게 되었습니다.

소크라테스는 감옥에 갇힌 후 배심원들의 투표에서 유죄 판결을 받았고, 그를 고발한 사람은 사형을 요구했습니다.

그러나 소크라테스는 항소를 했고, 그것이 받아들여져 배

　심원들 앞에서 공개적으로 당당하게 '나는 죄인이 아니라 도리어 국가에 이바지한 사람이다'라고 주장했습니다.

　그런데 이런 주장이 법정의 배심원들을 흥분시켜 배심원들 과반수의 요구로 마침내 사형을 선고받고 말았습니다.

　소크라테스는 감옥 안에서 친구와 제자들을 만나 대화를 나누었는데, 제자들에게는 영혼은 없어지지 않는다고 했고, 친구가 탈출 계획을 꾸미고 그에게 탈출을 권했으나 거절했습니다. 마침내 소크라테스의 사형을 집행하는 날이 되자, 그는 제자들에게 '영혼은 없어지는 것이 아니다'라는 말을 남기고 조용히 독약을 마시고 눈을 감았는데, 이 때 그의 나이는 71세였습니다.

| 기원전 336년경

20 알렉산더 대왕

알렉산더는 그리스 북쪽의 마케도니아 왕 필리포스 2세의 왕자로 부왕이 암살되자 그 뒤를 이어 기원전 336년에 20세의 젊은 나이로 왕이 되었습니다.

아버지 필리포스 2세로부터 강력한 군대를 물려받은 알렉산더는 무엇인가 큰 일을 이루겠다는 야심을 불태웠습니다.

그리하여 기원전 334년에 알렉산더는 마케도니아와 그리스 연합군 3만 5천 명을 이끌고 소아시아로 건너가서 페르

시아 군을 무찌르고 전진을 계속했습니다.

 알렉산더는 이소스의 싸움에서 다리우스 3세가 거느린 페르시아 대군을 무찌르고 왕과 함께 있던 왕비와 공주를 포로로 잡았습니다. 이 전투에서 페르시아는 큰 타격을 받았고, 국왕 다리우스 3세는 중앙 아시아로 도망했다가 그 곳에서 자신의 신하에게 살해되었으며, 이로써 페르시아는 멸망하고 말았습니다.

 페르시아를 멸망시킨 알렉산더는 인도까지 정복하여 세계를 자기의 손 안에 넣겠다는 야망을 품고 있었습니다.

 알렉산더는 군대를 거느리고 인더스 강 상류를 건너 인도로 향했습니다. 그러나 알렉산더의 군대를 막으려는 저항에 따른 고전과 무더위와 장마, 식량 부족 등으로 더 이상 전투를 계속할 수 없는 형편에 이르렀습니다.

 또한 오랜 전투에 몹시 지쳐 버린 군사들은 고국으로 돌아갈 것을 요청했으므로, 알렉산더는 고민하던 끝에 마침내 철수 명령을 내리고 말았습니다.

 알렉산더는 온갖 고생 끝에 마침내 바빌론에 이르러 그 곳을 수도로 정했습니다. 그러나 아라비아 원정을 준비하던 중 갑자기 열병에 걸려 기원전 323년에 32세의 젊은 나이로 세상을 떠났습니다.

기원전 212년경

21 만리 장성을 쌓은 시황제

중국 진나라의 시황제(진시황)는 기원전 259년에 장양왕의 아들로 태어났으며, 이름은 정입니다.

정은 아버지 장양왕의 뒤를 이어 기원전 246년에 13세의 어린 나이로 즉위하여 진나라의 왕이 되었습니다.

진왕은 법가인 상앙이 행한 병역 제도와 세무 등에 의한 대대적인 개혁으로 키운 힘을 배경으로 삼아 여섯 나라의 정복에 나섰습니다.

진왕은 여섯 나라 사이의 대립을 교묘하게 이용하여 한나라를 비롯하여 조나라와 연나라, 위나라, 초나라를 차례로 정복했습니다. 그리고 기원전 221년에 대국 제나라를 마지막으로 정복하여 중국을 통일하였습니다.

이리하여 진나라는 중국에서 처음으로 대국가가 되었습니다. 이 때 진왕은 천하를 다스리기 위해 많은 제도를 고쳐서 자기를 '짐'이라 하고, 왕의 위에 있는 군주라는 뜻에서 '시황제'라고 했습니다.

시황제는 주의 봉건 제도를 없애고 군현 제도를 실시하여

전국을 36군으로 나누었으며, 모든 군에는 많은 현을 두고 각 현에는 중앙에서 관리를 내려 보냈습니다.

또한, 화폐와 도량형을 통일하고 부자들을 수도인 함양 부근에 모여서 살게 하여 그들의 경제 활동을 다스렸습니다.

진 시황 즉 시황제는 나라 밖으로 흉노족을 공격하고 전국 시대의 북쪽 여러 나라의 장성을 기초로 하여 만리 장성을 쌓았으며, 기원전 212년에는 수도 함양에 아방궁을 화려하게 지었습니다.

이 아방궁에는 1만여 명이 묵을 수 있으며, 동서의 길이는 약 990미터, 남북의 길이는 약 152미터인데, 뒷날 항우가 불을 질렀을 때 3개월 동안이나 탔다고 합니다.

기원전 139년경

22 실크 로드

실크로드란 이름을 세상에 퍼뜨린 사람은 독일의 베를린 대학 지리학 교수인 리히트호펜 입니다.

그는 《중국》이라는 책 속의 지도 한 권을 발행하여 그 속에서 중국과 유럽을 잇는 중앙 아시아의 길을 자이덴슈트라센이라고 표현했습니다. 이것은 중국의 비단이 로마에 이르렀다는 것에서 이름을 딴 것인데, 영어로는 실크 로드, 즉 비단길입니다.

실크 로드를 통한 무역이 가장 활발한 시기는 당나라 때였습니다. 그 때 중국의 북쪽에서는 돌궐이 강력한 세력을 이루어 중원을 위협하고 있었기 때문에 실크 로드를 통한 서역과의 무역에 커다란 방해물이 되었습니다.

마침 돌궐이 둘로 갈라지자 서돌궐에 내란이 일어난 것을 계기로 당나라 태종은 서돌궐에 군대를 보내 내란을 가라 앉혔는데, 이 때 주로 이용된 길은 천산 남로와 천산 산맥 북쪽을 지나는 천산 북로였습니다.

태종은 서역 지방에 안서 도호부와 북정 도호부를 두어 천산 남북로를 맡게하여 비단 무역을 비롯한 동서 무역이 활발히 이루어졌고, 소그디아나를 본거지로 하는 소그드 상인이 중개 무역상으로 활약했습니다.

9세기 무렵에는 당나라의 세력이 기울어져 가자 북아시아에서 옮겨 온 위구르 족과 서쪽에서 온 이슬람 상인이 그들을 대신했습니다.

송나라 시대 이후에는 중국 광주를 스리랑카와 파르티아, 홍해를 지나 카이로에 이른 후 다시 이 곳을 거쳐 시리아로 가는 해상 실크 로드가 발전하게 되었습니다. 이렇게 해상 실크로드가 발전하자 육상 실크 로드는 차차 그 빛을 잃기 시작했습니다.

기원전 58년

23 율리우스 카이사르

카이사르는 로마의 공화 정치 말기에 활약했던 인물로 이 때 로마에는 정치가와 군인과 선동가들이 활개를 치고 있었는데, 그 중에서 로마 최고의 장군인 폼페이우스와 정치가인 크랏수스, 그리고 카이사르 등 세 사람이 떠오르고 있었습니다. 이들 세 사람은 서로 약속을 하고 '삼두 정치'를 시작했습니다. 이 삼두 정치를 밑바탕으로 하여 카이사르는 로마의 최고 행정관인 집정관이 되자 여러 가지의 새로운 법을 만들어 시행했습니다.

그러자 위기감을 느낀 원로원은 갖은 방법으로 방해 공작을 일삼았고, 결국 카이사르는 기원전 58년부터 51년 사이에 갈리아 총독이 되어 원정길에 올라 갈리아를 평정했습니다. 갈리아의 총독인 카이사르는 여러 지역을 침략하여 점점 영토와 세력을 넓혔습니다.

승리자가 된 카이사르는 종신 총통이 되었으며, 황제가 될 생각까지 했습니다. 이에 공화파는 황제가 되려는 카이사르의 야망을 알아채고 그를 없애기로 결정했습니다. 그런데 이

음모에 카이사르가 친아들처럼 사랑했고, 로마 시민들로부터 정의의 사람으로 존경과 믿음을 받고 있는 부루투스를 끌어들였습니다. 기원전 44년 3월, 카이사르는 동방 원정을 앞두고 원로원을 소집했습니다. 이 때 원로원 의사당에서 기다리던 음모파 중의 한 사람이, 죄를 짓고 나라 밖으로 쫓겨난 사람을 용서해 달라고 카이사르에게 부탁했습니다.

카이사르가 이 부탁을 거절하자 그는 카이사르의 겉옷 소매를 잡아당겼는데, 이것을 신호로 40여 명의 공화파 사람들이 칼을 휘두르며 일제히 카이사르에게 달려들었습니다.

카이사르는 몸을 피하며 용감히 맞섰으나, 그가 사랑하던 부루투스가 달려드는 것을 보고,

"부루투스, 너마저도."

하는 말을 끝으로 조용히 그의 칼을 받고 폼페이우스의 조각 앞에 쓰러져 죽고 말았습니다.

24 십자가에 못박힌 예수

기원전 4년경~서기 30년경

나사렛 사람 예수가 태어난 것은 로마 제국의 초대 황제인 아우구스투스(존귀한 사람이라는 뜻으로 옥타비아누스가 로마 원로원으로부터 받은 존칭) 때였습니다.

그 무렵, 한 예언자가 유대 들판에 나타났습니다. 예언자는 자기를 찾아온 사람들에게 '하느님께서 심판하실 날이 가까웠으니, 지금까지 품었던 못된 마음과 저지른 행위를 빨리 고치라'고 설교했습니다. 그리고 요르단 강에서 사람들에게 세례를 주었으므로 그를 '세례 요한'이라고 불렀습니다.

예수도 그에게서 세례를 받고 그와 함께 하느님의 심판을 알리고 잘못을 뉘우치고 고칠 것을 사람들에게 권했습니다. 그리고 하느님 나라가 가까운 것을 기쁜 소식으로 알고 받아들이도록 설교했습니다.

예수는 또한 설교와 아울러 병으로 고생하는 환자들을 고쳐 주었으므로, 그의 명성은 날이 갈수록 높아졌고 많은 사람들이 그의 뒤를 따르게 되었습니다.

이렇게 되자, 그 무렵 유대의 귀족 계급으로 높은 지위를 차지하고 있던 사두개 인과, 모세의 율법을 철저하게 지키는 바리새 인이 예수를 파멸시키려고 음모를 꾸몄습니다.

이들은 예수를 붙잡아 로마 총독 빌라도에게 데리고 가서 '예수는 자신을 유대인 왕이라고 거짓 선전하며, 반역을 꾀하고 있다'고 고소했습니다. 또한, 민중도 '하느님 나라는 사람들 마음 속에 있다'는 예수의 가르침을 이해하지 못하고 실망한 나머지 그에게서 등을 돌렸습니다.

이리하여 예수는 전도 생활 2년여 만에 빌라도에 의해 사형 선고를 받고, 예루살렘 근처의 골고다 언덕으로 십자가를 메고 갔습니다.

한편, 예수는 십자가에 못박혀 세상을 떠났으나, 그의 제자들에 의하여 예수의 부활 신앙이 이루어졌습니다.

서기 64년

25 기독교의 박해

세계 역사상 기독교를 처음으로 박해한 사람은 로마의 네로 황제로서, 그는 잘못한 정치의 책임을 기독교인들에게 덮어씌우기 위해 박해했다고 합니다.

서기 64년, 로마에 큰불이 일어나 시가지의 대부분이 불에 타고 말았는데, 네로는 막대한 돈을 들여 로마를 이전보다 더 훌륭하게 재건했습니다.

이 때문에 시민들에게서 무거운 세금을 거두어들이고 강제로 토지를 빼앗아 그들의 불만을 사게 되었습니다. 시민들 사이에는 네로가 로마를 불태웠으며, 불타는 로마를 보면서 시를 지어 읊었다는 소문이 널리 퍼졌습니다.

그러나 네로는 반대로 기독교인들이 로마를 불태웠다는 소문을 퍼뜨리고, 수많은 기독교인을 붙잡아 군중들 앞에서 불태워 죽였습니다. 이것이 네로에 의한 최초의 기독교 박해였습니다.

그 후로도 디오클레티아누스 황제에 이르기까지 수많은 기독교인이 재판을 받고 처형되었습니다.

이렇게 모진 박해를 받으면서도 기독교인의 수는 점점 많아졌습니다. 또 교회의 성립으로 신자들은 더욱더 조직과 단결을 굳게 했으며, 지하 묘지인 카타콤에 모여 신앙을 굳게 지켰습니다.

그리고 기독교인의 순교는, 기독교라는 불에 기름을 붓는 결과를 가져와 더욱더 널리 퍼졌습니다. 이 같은 상황이 되자 콘스탄틴 1세는 로마 제국의 질서와 평화를 지키기 위하여 313년에 '밀라노 칙령'을 내렸습니다.

이 칙령으로 기독교는 정식으로 인정되어 보호를 받게 되었으며 황제 자신도 종교를 바꾸어 기독교인이 되었습니다.

26 황건적의 난

184년

서기 184년 1월의 어느날이었습니다.

노란색 두건을 머리에 쓴 무리들이 떼를 지어 중국의 각 지역에서 일제히 일어나 횃불을 올렸습니다.

노란색 두건을 썼기 때문에 황건적이라 불리는 이들 무리들은 관청을 습격하여 불을 지르고 땅을 많이 가진 지주들을 공격했습니다. 그러나 이들은 단순한 도적 떼가 아니었습니다. 이들이 노란색 두건을 쓴 것은 한나라 왕조의 붉은색을 받아들이지 않고 새로운 나라를 바란다는 뜻이 었습니다.

이 때 백성들 사이에는 '태평도'라고 불리는 종교가 빠른 속도로 퍼지고 있었습니다. 교주는 장각이라는 사람으로 그는 순제 때 우길이 지은 《태평청령서》라는 책의 가르침에 민간 신앙을 끌어들여 새로운 종교를 내세운 것입니다.

그는 스스로 대현량사라 칭하고 도술을 부려 신비로운 물로 백성들의 병을 고쳐 주기도 했는데, 그의 가르침은 하급 관리와 가난한 사람들의 마음을 사로잡았습니다.

그리하여 태평도를 믿는 사람의 숫자가 10여 만 명으로 늘어나자, 신도들 사이에서는 한나라를 인정하지 않으려는 기운이 빠르게 퍼져 나갔습니다.

장각은 마침내 서기 184년 1월에 전국 신도들에게 일제히 들고일어나라고 명령했습니다. 장각의 명령을 받은 황건적들이 무서운 힘으로 전국을 휩쓸었으나 조정에서는 좀처럼 이들을 무찌를 수가 없었습니다. 그런데 갑자기 장각이 병으로 죽게 되면서부터 황건적들은 조정의 진압군에 의해 싸움에서 크게 졌습니다. 하지만 전국 각지에서 엄청난 숫자의 황건적들이 정부군과 싸웠고, 특히 흑산에서 일어난 황건적에 참가한 백성의 숫자는 1백만 명에 다다를 정도였습니다.

황건적의 난은 썩을 대로 썩은 후한 왕조를 무너뜨리고 새로운 나라를 세우려고 들고일어난 민중 운동이었습니다.

27 둘로 나뉜 로마 제국

193년

로마 제국은 아우구스투스가 통합한 시대부터 약 2백 년 동안 라인 강과 도나우 강을 북쪽 한계로 하며 지중해 주변 지역을 다스렸습니다.

로마 제국은 각 지역에 군대를 보내 식민 도시를 세웠으며, 각 도시 사이를 단단하고 튼튼한 길로 연결시켰습니다.

이어서 라틴 어와 로마 법과 로마 풍의 생활, 로마 제국의 돈, 도량형 등이 사용되었고, 상업도 활발해져서 여러 나라와 무역이 이루어졌습니다. 이 시대는 평화가 계속되었기 때문에 '팍스 로마나' 즉 '로마의 평화'라고 불렸습니다.

로마의 전성기는 96년부터 180년까지 5현제라 불리는 5인의 황제가 다스리던 약 백 년 동안이었습니다.

그런데 전에 군인이었던 사람이 지방 도시에 자리를 잡고 살면서부터 지중해 지역이 로마처럼 되면서 로마의 지위가 흔들리기 시작했습니다.

193년에는 로마 인이 아닌 북 아프리카 인이 처음으로 황제가 되면서부터 이윽고 로마에 딸린 주의 군대가 제멋대로 하급 병사였던 사람을 황제로 내세우면서 심하게 다투는 '군인 황제' 시대가 되었습니다.

 이 때, 로마 제국 안의 어지러움을 이겨 내고 황제가 된 콘스탄틴 1세는 로마의 수도를 비잔티움으로 옮기고, 313년에는 밀라노 칙령을 내려 기독교를 공식적으로 인정하는 한편 나라를 다스리는 데 이용하여 안정을 이루었습니다.

 그러나 강대한 로마 제국도 4세기에 접어들면서 곳곳에서 말기의 증상이 나타나기 시작했습니다. 이윽고 4세기 말이 되자 로마 황제 테오도시우스 1세는 두 아들에게 로마의 영토를 나누어 준 후 395년에 세상을 떠났습니다.

 이리하여 로마는 동 로마 제국과 서 로마 제국으로 나누어지게 되었습니다.

28 전한의 고조 유방

207년

중국에서는 진나라를 무너뜨리기 위해 각지에서 군사들이 들고일어났습니다. 이 때 제후의 지지를 얻은 항우와 유방이 진나라 군사와 싸워 기원전 207년에 마침내 진나라를 멸망시켰습니다.

그 후에 항우와 유방은 천하를 차지하기 위해 크게 싸우게 되었습니다. 뒷날 한나라 고조가 된 유방은 본디 평범한 농민의 아들로 태어났는데, 농사가 싫어서 어느 관청의 하급 관리가 되었습니다. 그러던 어느 날, 진나라의 가혹한 정치

로 백성들의 마음이 흔들리고 곳곳에서 반란이 일어나자 유방에게도 기회가 찾아왔습니다.

기원전 208년 6월, 관리를 그만둔 유방은 항우, 항우의 작은아버지 항양과 함께 초나라 회왕의 손자인 심을 왕으로 섬기는 한편, 진나라와의 싸움을 준비했습니다.

그 때 회왕은 진나라의 수도인 함양을 먼저 점령하는 자에게 관중 땅을 주고 왕으로 삼겠다고 약속했습니다. 이리하여 항우는 북쪽에서, 유방은 남쪽에서 함양을 향해 진격했는데, 유방이 먼저 함양을 점령했습니다.

유방은 진나라의 왕족을 너그럽게 대하고, 엄격한 법 때문에 진나라 백성들이 고통당하는 것을 보았습니다. 그래서 유방은 백성들에게 '법은 3개 조항뿐이다. 즉, 사람을 죽인 자는 사형하고, 사람을 다치게 한 자와 물건을 훔친 자는 벌을 받는다'는 '법 3장'을 시행하자 그 때까지 엄격한 법으로 신음하던 백성들이 기쁜 마음으로 그를 따랐습니다.

유방은 진나라가 멸망한 207년에 한나라 왕으로 봉해졌기 때문에 천하를 통일한 후에도 나라 이름을 바꾸지 않고 한이라고 했습니다.

이토록 한나라를 다스려 천하를 통일했던 유방은 기원전 195년에 황위를 물려주고 세상을 떠났습니다.

29 게르만 민족의 대이동

375~476년

로마 제국은 395년에 동 로마와 서 로마로 갈라졌는데, 서 로마의 절반 지역을 크게 바꾸어 버린 것이 바로 '게르만 민족의 대이동' 입니다.

게르만 족은 본디 북쪽의 발트 해 연안에서 일어난 민족입니다. 켈트 족을 따라 남쪽으로 내려오면서 기원 전후에는 로마 제국과 경계를 이루는 라인 강과 도나우 강 유역까지 진출했습니다.

3세기경에는 도나우 강 하류 유역까지 게르만 족의 사회가 되었으며 용병이나 농민 자격으로 로마 제국으로 옮겨 가 사는 사람들도 많아졌습니다. 그 후, 4세기 후반에는 흉노의 후손인 아시아계 유목민 훈족이 이동을 시작하여 375년에 흑해의 북쪽 기슭에 살고 있던 동 고트 족을 습격했습니다.

그리고 375년이 되면서 도나우 강 왼쪽 기슭에 살고 있던 서 고트 족이 로마 제국으로 침입했습니다. 로마 황제는 378년에 하드리아노 폴리스 전투에 패배하여 게르만 인이 로마 제국에서 살 수 있는 권리와 자치권을 인정하여 게르만

의 많은 부족이 로마 영토 안으로 들어오기 시작했는데, 이것이 바로 게르만 족의 대이동입니다.

이 때 로마 제국으로 들어오지 않고 라인 강 동쪽에 남은 게르만 인들은 나중에 슬라브 인이라 불리게 되었습니다.

게르만 민족의 대이동이 시작된 후에 로마 제국은 동서로 갈라졌습니다. 그러나 로마 제국의 서쪽에 세워진 여러 나라의 게르만 인들은 고작 3퍼센트 정도에 지나지 않았고 로마 황제에게 복종했습니다. 게르만 족의 지도자는 게르만 인에게만 지도자였고 법적으로는 로마의 고위 관리였습니다.

즉 게르만 인은 군사적인 실권을 쥐고 로마 제국 안에서 국가 안의 국가를 세운 것입니다.

476년

30 로마 제국의 멸망

로마의 영웅인 카이사르의 정복 전쟁 후로 로마 제국은 계속 지배 영역을 넓혀 남쪽으로는 이집트를 비롯하여 서쪽으로는 페르시아, 북쪽으로는 영국과 스칸디나비아까지 세력을 뻗쳤습니다. 그러나 3세기 초에 페르시아가 다시 일어나고 게르만 족이 서서히 세력을 키우자 점점 영토가 줄어들고 대제국을 관리하는 행정력도 떨어졌습니다.

로마 제국의 이런 위기는 대외 관계에서 뚜렷이 나타났습

니다. 그 무렵, 로마 제국의 동북 쪽에서 게르만 족이 라인 강과 다뉴브 강을 넘어 물밀듯이 쳐들어왔고, 동쪽에서는 로마에 딸린 몇 개의 주들이 때마침 일어난 페르시아에 넘어갔습니다. 이런 가운데 대외적인 위기는 3세기 중엽에 데키우스 황제가 게르만 족과 싸우다가 죽고 발레리아누스 황제가 페르시아 군에게 사로잡히게 되면서 더욱 커져 갔습니다.

후기의 로마 제국은 야만족의 잦은 침입에 시달렸습니다. 그리하여 363년, 요비아누스 황제는 페르시아와 굴욕적인 조약을 맺고 로마 속주의 많은 영토를 넘겨 주기도 했습니다.

마지막 대규모 게르만 족의 침입은 455년 아틸라 제국이 무너지면서 그 뒤를 이어 일어났습니다. 약간의 게르만 족이 로마 국경을 향해 남쪽으로 내려와 속주로 받아 주기를 청했습니다. 그 결과 동 고트 인은 동 로마에 의해 판노니아에 자리를 잡게 되고 다른 부족의 일부는 이탈리아로 향했습니다. 그 중에서 게르만 용병 대장인 오도아케르가 앞장서서 476년, 최후의 서 로마 황제인 아우구스찰스를 황제의 자리에서 쫓아냈습니다.

이리하여 476년에 북 아프리카와 남서 갈리아는 정치적으로 로마에서 독립한 게르만 인의 수중에 들어갔습니다.

570년

31 마호메트와 이슬람교

아랍인들은 알라 신을 유일한 신(유일신)으로 믿는 이슬람 교도들입니다. 회교라고 부르기도 하는 이슬람 교는 마호메트가 새로 열었기 때문에 마호메트 교라고도 합니다.

마호메트는 570년 메카 성에서 망해 버린 귀족 집안의 아들로 태어났습니다.

그는 20세가 되기 전에 상인들을 따라 세계의 많은 도시들을 구경했고, 유대교와 기독교의 교리도 알게 되었습니다. 또 그들을 통해서 우주를 다스리는 오직 하나뿐인 신이 있다는 것을 깨달았는데, 이것이 이슬람 교를 내세우는 데 어느 정도 영향을 끼친 것으로 보입니다.

마호메트는 25세 때에 메카 성의 한 부호의 미망인인 하디자와 결혼했으며 40세 때에 신의 계시를 받았다고 합니다.

마호메트는 이 때 알라 신이야말로 우주 만물을 만들어 내는 단 하나의 신이며, 알라 신이 자기를 택한 것은 참다운 신앙을 퍼뜨리게 하기 위해서였다고 믿었습니다.

그는 처음에 동료들에게만 교리를 전했으나, 613년경부터는 일반 시민들에게 설교를 했습니다. 마호메트가 새 종교인 이슬람 교를 퍼뜨리며 메카의 우상 숭배를 멀리하자 메카를 다스리던 사람들이 그를 경계하기 시작했습니다.

622년에 위험을 느낀 마호메트는 마침내 메카에서 320킬로미터 떨어진 북쪽의 메디나로 몸을 피했습니다. 이를 아랍 어로 '헤지라'라고 하는데, 이는 '출발'이라는 뜻입니다.

마호메트는 메디나에서 이슬람 교도의 수가 빠르게 늘어나 정치에 상당한 세력을 갖게 되었으며, 세력이 커진 그는 메디나에서 7년간의 도망자 생활을 끝내고 다시 메카로 돌아와서 지도자가 되었습니다.

아라비아 어로 쓰여진 이슬람 교의 《코란》은 마호메트의 교리를 제자들이 정리하여 편집한 것으로, 내용은 알라 신이 그에게 계시한 내용입니다.

600~800년

32 이슬람 제국의 전성기

이슬람교를 중심으로 수많은 부족을 합하고 세계를 향해 달려가게 만든 사람은 바로 마호메트 입니다.

아라비아 어로 쓰여진 이슬람 교의 성전인 《코란》은 마호메트의 교리를 제자들이 모아 편집한 것으로, 알라 신이 마호메트에게 계시한 것을 내용으로 하고 있습니다.

《코란》은 마호메트의 깨달음과 직관을 적은 것으로, 마호메트의 사상과 이슬람 교의 교리가 잘 나타나 있는데, '코

란' 이란 이슬람 어로 '낭독하다' 라는 뜻입니다.

　이슬람 교와 아랍 인은 세계의 절반을 정복했습니다. 마호메트는 콘스탄티토플과 페르시아, 중국 등 여러 나라의 왕들에게 그가 주장하는 유일신과 자신이 그 예언자임을 인정하라고 요구했습니다.

　이슬람 교의 교리는 민주주의와 평등의 요소를 갖추고 있었고, 그들 사이의 동포애를 중요하게 생각했습니다. 그리하여 모슬렘 사이에 일체의 평등과 복음을 전하는 등 그들 사이에는 일종의 민주주의가 행해졌습니다.

　마호메트는 헤지라 10년 후인 632년 62세의 나이로 세상을 떠났습니다. 그러나 마호메트가 죽은 후에도 아부바크르나 오마르 같은 뛰어난 칼리프의 지도를 받으며 이슬람 제국은 더욱 강대해졌습니다. 칼리프들은 다른 나라의 군주들처럼 사치에 빠지지 않고 마호메트와 마찬가지로 검소한 생활을 한 것으로 알려지고 있습니다.

　이슬람 교로 뭉친 소수의 아라비아 군은 페르시아와 시리아, 중앙 아시아의 일부, 이집트, 북 아프리카 등을 정복하여 대서양까지 나아가는 등 스페인에서 몽고까지 세계의 절반을 정복했습니다.

33 당나라의 멸망

618~907년

서기 618년에 세운 당나라는 3백여 년 동안 계속되면서 문화와 경제에서 매우 풍족한 생활을 누렸습니다.

특히 8세기 전반까지 발달된 당나라의 문명과 예술은 아시아의 여러 나라에 많은 영향을 주었습니다. 그러나 향락 생활이 계속되면서 나라는 점점 어지러워지기 시작했고, 백성들은 무거운 세금을 내야 했습니다.

당나라가 기울어지기 시작한 것은 제6대 현종 때부터였습니다. 현종은 즉위 초에는 매우 현명한 황제였으나, 유명한 절세 미인이던 양귀비를 만나면서부터 정치를 멀리하자 나라는 점점 기울어져 갔습니다.

'황소의 난'을 일으킨 황소는 산동성에서 부유한 소금 장수의 아들로 태어났습니다. 황소는 어려서부터 영리하고 재주가 있었으며 나이가 들어서 과거를 보았으나 신분 때문에 벼슬을 할 수가 없었습니다.

그래서 당나라 조정에 깊은 원한을 품은 황소는 아무도 모르게 세력을 모으기 시작했습니다. 그러던 중 874년에 왕선

지가 하북에서 반란을 일으키자 황소도 산동에서 반란을 일으켜 왕선지와 세력을 합치게 되었습니다.

878년, 왕선지가 조정의 군사에게 패하여 죽자, 총지휘자가 된 황소는 반란군 60여 만 명을 이끌고 장안으로 쳐들어가 함락했습니다.

그리하여 황제인 희종을 쫓아내고 국호와 연호를 고친 후 항복한 관리들에게 벼슬을 주어 통치 기반을 다졌습니다. 그러나 황소 정권은 오래 가지 못했고, 방위대에 의하여 그의 군대가 패배하자 스스로 목숨을 끊고 말았습니다.

이로써 10여 년에 걸친 대반란은 끝났고 희종은 다시 황제 자리를 찾았으나, 당나라는 이 때부터 멸망의 길로 한 발 한 발 다가서고 있었습니다.

660년

34 중국의 여황제 측천 무후

중국 최고의 여장부라고 하면 대개 측천 무후를 가리킵니다. 측천 무후의 본이름은 무조이며 목재 상인의 딸로 태어났습니다. 뛰어나게 아름다움을 지닌 무조는 14세 때에 당나라의 제2대 황제인 태종에 의해 궁궐에 들어가, 무미라는 이름을 가진 궁녀가 되었습니다.

태종의 뒤를 이어 황제의 자리에 오른 고종은 황태자 시절부터 아버지의 후궁인 무미를 좋아했습니다. 그가 병석에 누운 태종을 병문안 갔다가 시중을 들고 있던

황제 폐하!

무미의 아름다운 모습에 그만 반하고 말았던 것입니다.

　무미는 고종의 사랑을 받으면서 소의의 자리에까지 오르게 되었으나, 무미는 소의에 만족하지 않고 황후의 자리까지 노리게 되었습니다.

　무미는 먼저 자기의 적인 소 숙비를 내쫓은 다음에 왕 황후까지 모략하여 마침내 황후 자리에서 물러나게 했습니다.

　그러자 고종은 무 소의를 황후로 책봉하려고 했으나, 황후는 귀족의 집안에서 뽑아야 하는 데다가 무 소의는 태종의 궁녀였기 때문에 신하들의 반대가 매우 거셌습니다.

　하지만 고종은 신하들의 반대를 무릅쓰고 무 소의를 황후로 삼고 말았습니다. 32세에 황후가 된 그녀는 이후 측천 무후로 불리게 되었습니다.

　고종은 간질병이 있어서 나랏일을 측천 무후가 대신 처리하는 때가 많았는데, 그 때마다 뛰어나게 처리했으므로 고종은 660년에 정치를 아예 측천 무후에게 맡겨 버렸습니다.

　683년, 고종이 죽자 셋째 아들 현이 황제의 자리에 올랐는데, 이가 제4대 황제 중종입니다. 그러나 중종은 즉위한 지 1년 만에 황후 위씨가 권력을 마음대로 휘두르는 탓으로 쫓겨나고 마침내 측천 무후가 황제 자리에 올랐습니다. 이 때 그녀의 나이는 67세였습니다.

35 바이킹

900~1100년

노르만족은 빙하가 침식해서 이루어진 피요르드 만 주위에 살고 있었기 때문에 '바이킹' 즉 '만의 주민'이라고 불렸습니다. 바이킹은 노르웨이에서 아이슬란드까지 9일 만에 항해하는 놀라운 항해 기술을 지녀 강과 바다를 오가며 무역과 이주, 약탈로 세력권을 넓혀 나갔습니다.

그 중에서도 스웨덴 인들은 발트 해에서 시작하여 러시아로 흐르는 하천을 거슬러 올라가 카스피 해와 흑해에 이르는 강의 무역로를 개발해 비잔틴 제국, 이슬람 제국 등과 활발한 상업 활동을 벌였습니다.

슬라브 인으로부터 뱃사공이라는 뜻으로 루스라고 불렸던 스웨덴 계 바이킹은 슬라브 인과 결혼하여 모피 집산지인 러시아의 무역 중계 도시인 키예프 등을 연결했습니다.

그런데 투르크 계 유목민이 볼가 강 하류를 포함한 초원 지대로 세력을 넓히자 루스와 이슬람 무역의 관계는 약해지고 외따로 떨어진 삼림 지대의 부락을 연결하여 862년에 류리크가 노브고로드 공국을 세웠으며, 남쪽으로 중심이 옮겨져 키예프 공국이 세워졌는데, 이것이 러시아의 기초가 되었습니다.

노르웨이 인들은 10세기 무렵에 아이슬랜드와 그린란드에서 아메리카 대륙까지 항로를 늘렸으며 권력이 약했던 서 유럽 연해까지 나아갔습니다.

바이킹의 공격으로 크게 혼이 난 프랑스 왕은 침입해 온 노르웨이 인의 우두머리에게 바닷가 근처의 영지를 주고 노르망디 공국을 정식으로 인정하고 그 대가로 바이킹을 물리쳐 달라고 요구했습니다.

한편 잉글랜드에는 게르만 민족의 대이동기에 앵글로 족과 색슨 족이 살게 되어 5세기 중엽에 7개의 작은 나라가 세워졌습니다.

36 길드의 탄생

1000~1300년경

10세기에서 13세기경에 중세 유럽 인들이 모여든 곳은 바로 도시였습니다. 이들은 본디 장원이라는 넓은 땅에서 살았는데, 장원의 생활은 부유하고 평화로웠습니다.

황무지를 일구어 땅이 넓어졌고 생산물도 많아지게 되었습니다. 그러자 먹고 남은 생산물을 이웃 나라에 파는 사람들이 생겨났습니다.

이들은 교통이 편리한 곳에 자리를 잡고 장사를 했는데, 이렇게 상인들이 머무는 지역이 도시입니다.

그러나 상인들은 자신들이 머무는 곳의 장원 영주에게 세금을 내며 그들의 다스림을 받았으나, 십자군 전쟁이 끝나고 영주의 힘이 약해지자 도시의 상인들은 영주의 지배와 간섭에서 벗어나려고 했습니다.

그들은 영주에게 돈을 주거나 자신들이 개인적으로 거느리고 있는 군사로 영주의 세력 밑에서 벗어나려 했으며, 따라서 장원에서 영주에게 시달리던 농민들도 자유를 찾아 도시로 모여들었고 도시는 더욱 발전하게 되었습니다.

도시에서 살게 된 사람들은 서로 의논해 필요한 법을 만들고 도시를 돌볼 수 있는 모임을 만들었는데, 이러한 모임을 동업자 조합인 '길드'라고 합니다.

길드에는 11세기에 먼저 이루어진 상인 길드가 있고, 12세기에 이루어진 수공업자 길드의 두 가지가 있으며, 스스로 이익을 보호하려는 단체로 중세 유럽의 봉건 제도와 장원 제도를 무너뜨리는 원인이 되기도 했습니다.

그러나 근대 산업이 일어남에 따라 길드는 16세기 이후에 쇠퇴의 길을 걷게 되었습니다.

37 과거 제도

1000~1400년경

960년에 마지막 왕조 후주의 절도사인 조광윤은 7세인 황제로부터 자리를 물려받아 송 왕조를 세웠습니다.

그 후 979년에 제2대 태종은 혼란이 오래 계속되던 중국을 통일했습니다. 송 왕조는 그 때까지 계속했던 무단 정치를 끝내기 위해 절도사를 없애고 군대를 모두 수도 가까이로 불러들여 황제가 다스리고 문관인 관리가 통치를 맡는 문치주의를 내세워 황제의 독재 체제를 굳게 다졌습니다.

또한 당나라가 멸망할 시기에 귀족들이 몰락했기 때문에 모든 고급 관리를 과거를 통해 뽑았습니다.

과거는 3년마다 지방에서 실시되는 주시와 중앙의 예부에서 실시하는 성시 및 황제 자신이 직접 시험관이 되어 뽑는 전시로 이루어졌습니다. 중앙 시험은 식량과 이부자리를 가지고 시험장에 들어가 30시간 이상에 걸쳐 필기시험을 치러야 하는 매우 힘든 시험이었습니다.

황제는 전시를 마지막 단계에 보태어 모든 합격자의 스승

이 되고 이러한 스승과 제자의 관계를 이용하여 관리를 다스렸습니다. 관리에게는 황제의 대리인으로서의 권한이 주어졌습니다. 심지어는 뇌물을 받는 것 까지도 버젓이 인정되어 작은 현의 장관을 3년 동안만 하면 손자대까지 놀고 먹을 수 있을 만큼의 수입이 생긴다는 말이 나올 정도였습니다.

과거 시험 내용은 43만여 글자로 되어 있는 유학 경전과 그 2배나 되는 양의 주해서와 역사서들을 전부 외어야만 풀 수 있습니다. 그러므로 관리가 되려고 하는 사람은 6세 때부터 과거를 보기 위한 공부를 시작해야 했습니다.

우리 나라에서는 중국 후주 사람 쌍기의 건의에 의해서 고려 광종 9년에 과거 제도가 마련되었으며, 조선조 26대 고종 때까지 계속되었습니다.

1077년

38 카노사의 굴욕

　중세 유럽의 기독교는 봉건 사회와 손을 잡고 꾸준히 세력을 키워 이윽고 서 유럽에서 정신적으로 지도적인 위치를 차지하게 되었습니다. 이와 함께 교회는 많은 땅과 재물을 헌납받아 넓은 영토를 가진 봉건 영주가 되었습니다.

　교회가 사회의 권력과 손을 잡고 세력을 강화하여 경제적으로도 넉넉해지자 교회의 성직자 중 타락하는 사람이 많아졌고, 마침내 성직을 팔고 사는 일까지 유행하게 되었습니다.

12, 13세기의 법률책에는 중세 사회의 서열이 적혀 있습니다. 사회 신분은 모두 24계층으로서, 영주는 10위이고 국왕은 8위이며 황제는 7위였습니다. 1위에서 6위까지에서 하느님이 1위이고, 다음이 교황이며 주교, 수도원장, 수녀, 사제 등 성직자가 차지했습니다.

　그 무렵, 교황의 권위는 땅에 떨어져 있었는데, 교회가 타락하여 성직자 선출에 부정이 행해지고, 교회 재산을 몰래 빼돌리는 등 못된 짓이 저질러지고 있었기 때문이었습니다. 사태가 여기에 이르자 수도원을 중심으로 하여 이와 같은 부패를 뿌리 뽑고, 올바른 신앙을 되찾으며, 교회를 새롭게 하자는 개혁 운동이 일어나게 되었습니다.

　그러자 신성 로마 제국의 황제 하인리히 4세는 교황의 개혁을 반대했으며, 이에 화가 치민 교황은 기독교인들에게 황제를 만나지 말라고 명령했고, 하인리히의 신하들은 교황의 명령에 따라 황제를 무시했습니다. 또 황제의 반대파 제후들은 황제를 파문시키고 만약 1년 안에 파문에서 풀려나지 못할 때는 황제 자리에서 물러나도록 하겠다고 뜻을 모았습니다. 이렇게 되자 황제는 할 수 없이 교황에게 무릎을 꿇고 3일 낮과 3일 밤 동안 찬바람을 맞으며 용서를 빌었습니다.

　이 사건이 바로 1077년의 '카노사의 굴욕' 입니다.

39 십자군 전쟁

1096~1291년

시리아의 예루살렘이라는 도시에 군사들이 줄을 지어 늘어서 있었는데, 그들의 군복과 깃발에는 십자가가 붙어 있었기 때문에 십자군이라고 불리게 되었습니다.

1096년, 프랑스 인과 플랑드르 인을 중심으로 한 약 3만 5천 명의 기병과 보병이 제1차 십자군으로, 이들은 육로로 동쪽으로 향했습니다.

1099년 6월, 예루살렘에 도착한 십자군은 제노바 해군의 원조를 받아 7월에 예루살렘을 함락시켰으나, 도저히 성스러운 전쟁(십자군 전쟁)이라고 할 수 없을 정도로 대학살과 약탈을 했습니다.

성지인 예루살렘을 빼앗은 후에 대부분의 병사는 고향으로 돌아갔으나 남은 사람들은 예루살렘 왕국을 세웠습니다.

그 후 이집트의 지배자 사라딘이 1187년에 예루살렘을 되찾자 독일 황제와 프랑스 왕, 영국 왕들이 최대 규모의 제3차 십자군을 이끌고 성지로 향했습니다.

그러나 독일 황제가 소아시아에서 강을 건너다가 물에 빠져 죽고, 프랑스 왕도 도중에 군대를 이끌고 되돌아감으로써 원정은 실패하고 말았습니다.

십자군은 이슬람 제국과 7차례에 걸쳐 약 200년 동안 전쟁을 벌였지만, 1291년에 십자군의 마지막 거점이었던 아콘이 함락되어 십자군 전쟁은 실패로 끝났습니다.

십자군 전쟁이 실패하자, 교황의 힘은 약해졌고 전쟁을 지휘한 왕의 힘이 강해졌습니다. 또 전쟁에 필요한 물자를 대주었던 영주들은 가난에 허덕이게 되었고, 농노들은 장원을 떠나 도망갔습니다.

이로써 봉건 제도와 장원 제도로 안정된 생활을 누렸던 유럽 사회는 황폐해지고 말았습니다.

1206~1227년

40 세계를 정복한 칭기즈 칸

칭기즈 칸은 세계의 영웅들 중에서 가장 넓은 나라를 차지하고 온 세계를 공포와 두려움에 떨게 했던 인물입니다.

칭기즈 칸은 잘 훈련되어 누구도 당할 수 없는 군사들을 이끌고 아시아와 유럽의 여러 나라를 점령했습니다.

칭기즈 칸의 본이름은 테무친으로, 1155년에 귀족의 집안에서 태어났습니다. 그러나 9세 때 아버지가 다른 부족에게 살해되면서 그의 가족은 포로로 사로잡혔습니다.

그리하여 오랫동안 포로 생활을 겪는 동안에 귀족의 못된 짓과 그들에게 시달리는 아랫사람들의 고통을 몸소 당하게 되었습니다. 그는 오랫동안 포로 생활을 하다가 마침내 탈출하여 무너진

칭기즈 칸이다, 도망가자!

집안을 다시 일으켜 세우기로 했습니다.

그리하여 부족에서 떨어져 나온 노예와 대장장이 등 아랫사람들을 하나씩 모으면서 점점 그의 세력을 키웠습니다.

그런 다음에는 주위의 다른 부족들을 공격하여 무찔러 세력을 키웠습니다. 그의 군대는 이로써 더욱 강해졌고, 넓은 초원을 누비는 가장 강한 기마 부대가 되었습니다.

테무친은 마침내 몽골 평원을 완전히 손아귀에 넣고, 1206년의 쿠릴타이 모임에서 황제의 칭호인 칸이 되었습니다.

칭기즈 칸이 군대를 이끌고 제일 먼저 쳐들어간 곳은 중국으로, 그의 기마 부대는 금나라를 점령했습니다.

그리고 이어서 남송과 고려를 굴복시켰고 정복할 필요가 있다고 생각하는 곳이라면 그의 기마 부대를 이끌고 서슴없이 쳐들어갔습니다.

이리하여 아시아는 그의 지배 아래에 들어갔습니다.

1219년에 시작된 유럽 정복의 길은 서아시아와 동 유럽을 공포 속에 몰아 넣었습니다. 모슬렘 왕국은 사납게 밀려온 칭기즈 칸의 기마 부대에 의해 쑥대밭이 되었습니다.

칭기즈 칸은 탕구트 족의 반란을 가라앉힌 후 1227년에 갑자기 숨을 거두고 말았는데, 이로써 그의 기마 부대는 남은 원정을 그만두고 몽골로 돌아왔습니다.

| 1215년 |

41 영국의 대헌장

1215년 6월의 어느 날이었습니다.

영국의 봉건 귀족들은 세금을 더 거두겠다는 존 왕의 연락을 받았습니다. 이에 불만을 품은 귀족들이 런던으로 몰려가 그들이 미리 작성한 문서를 존 왕에게 내밀며 승인하도록 압력을 넣었습니다.

이 문서에는 정치를 잘못한 왕의 권한을 줄이고 귀족과 평민의 권리를 보장하는 내용의 글이 적혀 있었습니다.

이에 존 왕은 문서에 쓰인 내용을 지키겠다는 뜻에서 서명을 했는데, '마그나 카르타' 즉 '대헌장'이라고 부르는 이 문서는 뒷날 1628년의 권리 청원과 1689년의 권리 장전과 함께 영국 헌법을 만드는 데 바탕이 되었습니다.

존 왕은 형인 리처드 1세가 죽은 후에 왕위를 이어받았으며, 프랑스 안에 있던 영국 땅을 다스리게 되었습니다. 그런데 존 왕은 프랑스의 왕 필리프 2세와 전쟁을 벌였으나 패하여 노르망디 등 많은 땅을 잃었습니다.

존 왕은 프랑스에 빼앗긴 땅들을 되찾기 위해 전쟁을 하려고 했는데, 전쟁을 하면 세금을 내고 군대를 보내야 했던 귀족들은 왕에게 충성을 맹세했던 것을 무시하고 대헌장을 작성했습니다.

 대헌장은 63개의 조항으로 되어 있으며 내용은, 세금을 걷을 때 귀족의 허락을 받아야 한다는 것과 평민을 감옥에 보낼 수 없다는 것, 재산을 빼앗거나 추방할 때도 귀족의 허락을 받아야 한다는 것 대헌장을 존중할 것 등이었습니다.

 그런데 존 왕의 뒤를 이은 헨리 3세는 대헌장을 지키지 않았기 때문에 1265년에 귀족과 승려, 지방 기사와 시민 대표가 참가하여 회의를 열었습니다. 이것이 의회라고 불리게 되었고, 14세기 중엽에는 상원과 하원의 양원제가 되었습니다.

 대헌장은 이렇게 민주주의를 이루는 밑바탕이 되었습니다.

42 마르코 폴로

1298~1299년

이탈리아의 베네치아에서 태어난 마르코 폴로는 여행가였습니다.

그의 아버지는 원나라와 무역을 하는 상인이었으며, 어려서부터 아버지의 여행 이야기를 듣고 자란 마르코 폴로는 동양에 대해 커다란 호기심을 갖게 되었습니다.

그 후, 마르코 폴로는 21세 때인 1275년에 아버지와 작은 아버지를 따라 고향인 베네치아를 떠난 후 캄부르크(지금의 북경)에 이르러 원나라의 황제 쿠빌라이를 만나게 되었습니다. 쿠빌라이는 마르코 폴로가 마음에 들었습니다.

그래서 쿠빌라이는 마르코폴로에게 관리직을 맡기고 원나라의 궁정에 근무하도록 했습니다. 마르코 폴로는 쿠빌라이의 측근이나 사자와 같은 역할을 맡은 후 그를 도와서 17년 동안 동남 아시아, 인도와의 무역을 맡는 한편, 원나라의 곳곳을 돌아다니면서 동양의 풍습과 문화를 직접 볼 수 있었습니다.

오랜 세월이 지난 뒤 마르코 폴로는 원나라에 영원히 살 마음이 없어 귀국의 기회를 엿보고 있었으나 허락이 떨어지지 않았습니다. 그러다가 1290년 말경에 쿠빌라이의 명령으로 원나라의 우호국인 이란의 이루 한국에 사신으로 파견되어 떠났다가 1295년에 고향인 다시 베네치아로 돌아왔습니다.

그 뒤 1298년에 제노바와의 싸움에 참가하여 포로가 되어 감옥에 갔는데 그 곳에서 함께 포로로 있던 루스티첼로에게 말한 이야기가 책으로 출판되었으며, 이것이 바로 《동방 견문록》입니다.

이것은 동양들의 예절과 문화를 처음으로 서양에 소개한 책으로, 이 책에는 중국 여성들의 예절과 원나라 수도 북경의 모습, 중국 왕궁에 대한 내용 등이 실려 있습니다.

43 아비뇽 유수

1309년

1215년, 로마의 라테란 성당에서는 전 유럽의 400명 이상에 이르는 주교와 그 2배 이상인 수도원장 및 수많은 군주 대표를 소집시킨 라테란 공의회가 열렸습니다. 이 공의회에서 교황인 인노켄티우스 3세는 성직자의 교육과 규율, 교회 재산의 보존, 교의에 바탕을 둔 신앙의 통일, 유대인의 배제 등을 통과시켰습니다.

그는 '교황권은 태양과 같고, 황제의 권위는 달과 같은 것이다. 교황권이 황제권 위에 있는 것은 태양이 달 위에 있는 것과 같다'고 하여 기독교의 전성기를 이룩했습니다.

이와 같은 교황권은 그로부터 80여 년 동안 계속되었습니다. 그러나 그 권위에도 불구하고 도전자가 나오게 되었는데, 도전자는 프랑스의 필리프 4세였습니다. 필리프 4세가 즉위했을 때의 프랑스는 오랫동안 계속된 외국과의 전쟁 때문에 재정이 파탄 상태에 이르러 있었습니다.

필리프 4세는 이 어려움을 이겨 내고 왕권의 기반을 굳히기 위해 지금까지 과세 대상에서 빠졌던 교회에 대해 세금을 매겼습니다.

 그러자 교황 보니파키우스 8세는 교황 칙서를 발표하여, 국왕에게 교회에 세금을 매기지 말 것을 요구했습니다. 이에 대해 필리프 4세는 재판을 받게 하려고 군대를 이탈리아의 아나니로 보내 교황을 붙잡았습니다.

 교황의 세력에 맞서서 승리한 필리프 4세는 1309년에 자기의 꼭두각시나 다름없는 클레멘스 5세를 교황으로 앉히고 남 프랑스의 아비뇽에 교황청을 세워 그 곳에 머무르게 한 후, 교회에 관한 모든 일을 자기의 뜻대로 처리했습니다.

 이로부터 약 70년 동안 교황은 아비뇽에 머무르게 되었는데, 이것이 바로 '아비뇽 유수'입니다.

14세기

44 공포의 페스트

14세기 중반의 유럽에서는 페스트(흑사병)이라는 전염병이 돌았습니다. 이 페스트는 지중해 항구들로부터 퍼져 나가 1347년에 시칠리아, 이듬해에 북 아프리카와 이탈리아·스페인·프랑스·영국, 1349년에는 오스트리아와 헝가리·스위스·독일·베넬룩스, 1350년에는 스칸디나비아와 발트 해의 국가들에 영향을 끼쳤습니다.

페스트에 걸린 사람은 온몸이 붓거나 피가 목에 걸려 숨을 쉬지 못하고 24시간 안에 죽었는데, 시체에

은 반점과 고름이 있어 서양에서는 흑사병이라고 불렀습니다.

 페스트가 점점 퍼지자 사람들은 무서움과 두려움에 휩싸였으며, 병에 걸리지 않으려고 이웃 사람조차 만나지 않았습니다. 어떤 사람들은 약이 된다는 소문을 듣고 금덩어리를 쪼개어서 먹었고, 아예 삶을 포기한 채 하루 종일 기도를 올리며 죽음을 기다리는 사람도 있었습니다.

 사람들은 처음에 페스트를 퍼뜨린 사람이 유대인이라고 생각하여 유대인을 보기만 하면 산 채로 불에 태워 죽여 버리기도 했습니다.

 페스트의 유행으로 신분이 떨어진 성직자들은 이러한 위기에 필요한 정신적인 도움을 줄 수가 없었습니다. 도미니크 수도회나 다른 종파에서는 성직자가 많이 줄어들어 교육을 거의 못 받았거나 교양이 없는 사람들을 성직자로 뽑을 수밖에 없었습니다.

 그리하여 14세기 후반에는 성직자의 질과 능력이 심각할 정도로 떨어지게 되었습니다.

 이리하여 결과적으로 페스트는 유럽을 광기와 미신에 사로잡히게 하여 많은 사람들로 하여금 마을을 떠나게 했고, 미신에 빠져 이상한 행동을 보이게도 했으며, 유럽의 중세 시대를 끝나게 하는 계기가 되었습니다.

45 르네상스

1400~1600년

중세시대에는 기독교가 큰 권력을 쥐고 있었기 때문에 사람들의 생각이 기독교 내용에 맞추어져 있었습니다. 그래서 인간보다는 신을 중심으로 한 예술 작품이 많았으나, 14세기의 학자나 예술가들은 모든 것을 인간 중심으로 생각했고 인간을 담은 작품을 만들었습니다.

이러한 경향을 르네상스라고 합니다. 르네상스는 14세기에서 16세기에 걸쳐 일어난 신문화 운동으로 이탈리아의 여러 도시에서 시작되어 유럽 각지로 퍼져 갔습니다.

르네상스라는 말은 재생·부흥이라는 뜻인데, 14세기 사람들이 부흥시키려고 했던 것은 그리스와 로마의 고전 문화였습니다. 그리스와 로마의 고전 문화는 자연과 세상, 인간의 문제에 관심이 많았고, 르네상스는 그러한 문화를 본받고자 한 운동이었습니다.

주로 예술 방면에서 나타난 이탈리아의 르네상스는 북 유럽으로 전해지면서 사회와 종교에 대한 관심과 비판으로 나타났고, 르네상스를 통해 유럽 인들은 새로운 사고 방식을

갖게 되었습니다.

 이러한 르네상스의 배경은 도시와 경제의 발전과 이탈리아 피렌체의 금융업자인 메디치 가로 대표되는 대상인이었습니다. 메디치 가는 교황청의 재산 관리를 했으며, 유럽에 16개 지점을 두었고, 그의 집안에서 2명의 교황과 2명의 프랑스 왕비가 나와 왕족과 어깨를 견줄 만한 세력을 자랑했습니다.

 그리고 이 시대의 사람인 레오나르도 다 빈치는 기관포와 잠수정 등의 무기를 만들고, 비행기와 헬로콥터를 설계했으며, 〈모나리자〉라는 명화를 그렸습니다.

 또한 미켈란젤로는 시스티나 성당의 천장에 〈천지창조〉라는 그림을 그렸고 벽화 〈최후의 심판〉과 〈다비드 상〉의 조각을 완성하기도 했습니다.

1492년

46 신대륙을 발견한 콜럼버스

콜럼버스는 이탈리아의 제노바에서 태어난 항해자입니다. 1478년에 포르투갈로 사는 곳을 옮긴 콜럼버스는 자라면서 지구가 둥글다는 것을 믿고 1492년에 스페인 여왕 이사벨라의 원조를 얻어 산타 마리호 등 3척의 배를 이끌고 팔로스 항구를 떠나 마침내 항해의 길에 올랐습니다.

콜럼버스는 배들을 이끌고 남서쪽을 향해 나아갔습니다.

그러나 70일 동안을 항해해도 육지는 보이지 않고 사방이 바다 뿐이었습니다. 선원들은 서쪽 끝은 바로 땅이 끝나는

곳으로, 그 곳에서는 물이 폭포를 이루어 끝없이 떨어진다고 생각했기 때문에 두려움에 떨었습니다. 그러다가 마침내 섬을 발견하게 되었는데 콜럼버스는 드디어 인도에 다다랐다고 생각했습니다.

그러나 콜럼버스가 닿은 곳은 히스파니올라는 아름다운 섬이었습니다. 그의 보고에 따르면 '수많은 과일이 열리고, 들판은 기름졌으며, 아름답고 모든 것이 많다'고 했습니다. 또 그 곳에 사는 사람들을 '애정이 많고 욕심이 없다'고 했습니다. 콜럼버스 일행은 7명의 원주민을 데리고 귀국했습니다.

이듬해 8월, 제2차 항해에 나선 콜럼버스는 17척의 배와 1500명의 선원을 데리고 출항하여 항로를 다시 남서쪽으로 잡았습니다. 콜럼버스 일행은 히스파니올라 섬에 다다라 재빠르게 움직여 섬에다 7군데의 성채를 쌓고 정복 전쟁을 시작했는데, 그 까닭은 콜럼버스가 총독으로 이 섬에 왔기 때문이었습니다.

그 후, 콜럼버스는 네 번이나 거듭된 항해로 건강을 해쳐 1년 반 동안 말라리아와 관절염으로 고통을 당하다가 1506년에 55세의 나이로 죽었습니다. 콜럼버스는 비록 목적지인 인도에 다다르지는 못했으나, 그가 죽을 때까지 인도의 한 지역이라고 생각한 곳은 신대륙 아메리카였습니다.

1500~1700년

47 중세의 마녀 사냥

　　기독교를 믿던 중세의 유럽 인들은 하느님의 뜻을 어기게 만드는 마녀는 악마의 부하로 악마에게 초자연적인 마력을 받아 사람에게 해를 끼친다고 믿었습니다.

　또 정체를 알 수 없는 노파가 검은 고양이를 부하로 거느리고 공중을 날아다니고, 때로는 다 쓰러져 가는 사원에서 악마를 받들며, 죽인 어린아이의 피를 온 몸에 바르는 등 기괴한 행동을 하는 것으로 믿고 있었습니다.

　마녀는 교묘하게 변장하여 사람들 속에 살고 있기 때문에 마녀 사냥을 철저하게 할 필요가 있다고 생각했습니다. 그래서 종교 재판소라는 곳을 두어 마녀라고 생각되는 여자를 붙잡아 그의 생각이 기독교 내용에 맞는지 아닌지를 가려 그 몸 속에 숨어 있는 마녀를 찾아 내려고 했습니다.

　그러나 사람의 생각은 눈에 보이지 않으므로 그것을 가리는 일은 매우 어려웠기 때문에 종종 지역 주민들이 신고하는 여자들을 재판의 대상으로 삼았습니다. 그리고 일단 마녀라고 의심을 받게 되면 죽음의 손길에서 벗어날 수가 없었습니다.

 사람들은 마녀라고 의심받은 여자를 마녀인지 그렇지 않은지를 알아보기 위해 물에 빠뜨리는데, 물 속에 가라앉아 죽으면 마녀가 아니고, 만약 물에 뜨면 마녀라고 믿고 불에 태워 죽이는 화형에 처한 후 뼛가루를 바람에 날렸다고 합니다.

 이렇게 종교 재판에 의해서 마녀라고 의심되는 여자를 죽였는데, 이것을 '마녀 사냥'이라고 합니다.

 마녀 사냥은 기독교가 자리 잡을 때부터 오래도록 유럽 전체 지역에서 행해졌습니다. 그러나 아무 죄도 없이 이웃의 미움을 받아 어이없는 죽임을 당하는 경우가 많았습니다. 예를 들면 총명하다고 존경받던 영국 여왕 엘리자베스 1세까지도 충치가 생겨 좀처럼 낫지 않자, 이를 마녀의 짓이라고 믿어 아무 죄도 없는 부인을 화형에 처했다고 합니다.

48 루터의 종교 개혁

1517년

르네상스이자 대항해 시대가 한창이던 16세기에 사치스러운 교황 레오 10세는 로마의 성 베드로 대성당을 다시 짓고 싶었지만 돈이 없었습니다.

그래서 기독교 신자들에게 면죄부를 사 놓으면 죽은 후 천국에 갈 수 있다고 말하고 독일에서 대대적으로 면죄부를 팔았습니다. 이 때 성직자이자 독일의 대학교 신학 교수였던 루터는 면죄부를 파는 것이 나쁜 일이라며, 라틴어로 쓴 '95개 조 반박문'을 써서 교회 정문에 붙였습니다.

그러자 교황은 루터를 불러 벽보 내용을 취소하라고 했으나, 루터는 진정한 믿음은 성경책에 있다며 교황의 요구에 반대했습니다. 그리고 중요한 것은 예배를 통해서 스스로 하느님의 가르침을 얻는 것이라고 말하고, 교황의 가르침을 무조건 받아들일 필요는 없다고 말했습니다.

또한 교황의 권리까지 인정하지 않았습니다.

교황의 말을 하느님의 복음처럼 믿고 따랐던 유럽 인들에게 루터의 주장은 새롭게 들렸으며, 기독교에 대해 새롭게

생각하고, 종교를 개혁해야 한다는 루터의 생각에 많은 사람들이 뜻을 같이했습니다.

왜냐하면 그 무렵 교회가 권력을 이용해서 사람들을 괴롭혀 왔기 때문입니다.

이렇게 루터처럼 교황과는 다른 기독교를 주장하던 운동을 종교 개혁이라고 하는데, 교황은 결국 루터처럼 기독교를 개혁하자는 사람들을 이전의 기독교에서 떼어 냈습니다.

이리하여 교황을 중심으로 한 기독교를 가톨릭 교라 하고, 종교를 개혁해 교황에게서 떨어진 기독교를 신교라고 합니다. 지금까지도 가톨릭 교는 성당에서, 신교는 교회에서 따로 예배를 보고 있습니다.

1519~1521년

49 마젤란의 대항해

유럽에서는 십자군 전쟁 이후 이슬람 세계와의 동방 무역과 마르코 폴로의 《동방 견문록》에 의해 아시아에 대한 관심이 커지고 있었습니다.

대서양에 접해 있어 지리적으로 이로움을 가지고 있는 포르투갈과 스페인은 기독교 세계의 확대와 동방의 부를 구하기 위해 대서양과 인도양으로의 대항해를 서둘렀습니다.

그리하여 바스코 다 가마는 인도 항로를 열었고, 콜럼버스는 신대륙을 발견했습니다. 그리고 바스코 다 가마가 동쪽으로 항해한 것과는 다르게 마젤란은 서쪽으로 항해하여 아시아로 가는 꿈을 이루었습니다.

남 아메리카의 마젤란 해협은 그가 발견하여 처음으로 지나간 곳입니다. 마젤란의 항해는 유럽 인들에게 자신감을 심어 주었습니다.

사람들은 마젤란이 발견한 항로를 통해서 세계 곳곳으로 나가 금과 은, 향료 등의 물건을 들여와 유럽에 팔았습니다.

그러나 유럽 인들은 새로 발견한 대륙에 살고 있던 원주민을 괴롭혔습니다. 유럽 인들은 원주민의 물건을 빼앗고 일을 심하게 시켰으며 노예로 삼기도 했습니다. 유럽 인들은 새로 발견한 대륙을 자기 나라 소유로 생각했던 것입니다.

결국 마젤란이나 콜럼버스의 항해로 유럽은 이익을 얻었지만, 아시아를 비롯해 아프리카와 아메리카 대륙은 유럽의 지배를 받게 되었습니다. 각 지역의 고유 문화가 유럽 인들에게 파괴되어 버렸습니다.

마젤란은 항해를 계속하여 태평양으로 나가 필리핀의 여러 섬을 발견했으나 원주민과의 싸움 끝에 그만 살해되고 말았습니다. 그 후 마젤란의 남은 부하들에 의해 1522년 9월에 세계 일주가 완성되었습니다.

1532년경

50 잉카 제국의 멸망

잉카 제국을 처음으로 찾은 사람은 스페인의 피사로였는데, 그는 평범한 돼지치기에 지나지 않았습니다.

어릴 때부터 모험을 좋아했던 피사로는 신대륙 아메리카의 어딘가에 황금의 나라(엘도라도)가 있다는 말을 믿고 그것을 찾아 남 아메리카의 여러 곳을 탐험했습니다.

그 후 피사로는 일단 돌아갔다가 스페인 여왕의 원조를 받

아 1531년에 남 아메리카의 페루 탐험을 나섰는데, 남 아메리카에는 잉카 제국이 있었습니다.

 잉카 민족은 기원전 2000년경에 나타나 남 아메리카에 통일 국가를 세웠는데, 잉카 제국은 문명이 매우 발달한 나라였습니다. 도시 곳곳에 도로가 이어져 있었고 화려한 직물이나 금장식이 많았으며, 의학이 발달했습니다.

 그런데 피사로가 페루에 도착하기 직전에 잉카에서 왕위를 놓고 싸움이 벌어졌으나 곧 가라앉았습니다. 이 틈을 이용한 피사로는 고작 186명의 군사를 데리고 잉카 제국에 들어가 1532년에 잉카 제국을 멸망시켜 스페인은 남 아메리카 전체를 손아귀에 넣게 되었습니다.

 남 아메리카를 정복한 스페인은 그 곳에 살고 있던 원주민에게 기독교를 알린 뒤 남 아메리카 땅을 개발했습니다. 잉카 제국에 살던 원주민은 자기들의 땅을 빼앗기고 스페인 사람들의 노예가 되었습니다.

 스페인은 원주민에게 주로 금광에서 금을 캐도록 했는데, 일을 너무 많이 시켰기 때문에 원주민은 일을 하다가 죽어 갔습니다. 그리하여 일손이 부족해지자 스페인은 아프리카 흑인들까지 데려와 노예로 삼았으며, 스페인의 무분별한 개발로 찬란했던 잉카 문명의 흔적은 지구 위에서 영원히 사라지고 말았습니다.

지동설을 주장한 코페르니쿠스

1543년

근대 과학의 아버지라고 불리는 코페르니쿠스는 수학자이자 위대한 천문학자이며 성직자였습니다. 그는 1473년에 폴란드에서 부유한 상인의 아들로 태어나 10세 때 아버지를 여의고 신부인 외삼촌 밑에서 자랐습니다.

1491년, 신부가 되기 위해 크라쿠프 대학에 들어간 코페르니쿠스는 철학 교수에게서 수학과 천문학 강의를 듣고 그 후 이탈리아로 유학하여 대학에서 천문학에 관심을 가지고 프톨레마이오스의 천동설을 깊이 연구했습니다.

16세기까지 모든 사람들은 태양과 다른 별들이 지구를 중심으로 돌고 있다고 믿었는데, 이것이 바로 천동설이라는 이론입니다.

그런데 1543년에 코페르니쿠스는 태양을 중심으로 하여 안쪽으로부터 수성·금성·지구·화성·목성·토성이 각각 원을 그리며 태양의 주위를 돌고 있다고 해서 사람들을 놀라게 했습니다.

이러한 주장이 바로 지동설입니다.

그러자 교황은 지동설이 터무니없을 뿐만 아니라 하느님에게 도전하는 주장이라고 판단하게 되었습니다.

지동설은 하느님이 창조한 지구가 아닌, 태양을 우주의 중심으로 생각하기 때문입니다. 교황은 지동설을 주장하는 과학자들을 종교 재판에 넘겨서 죽음에 이르게 했습니다.

그렇지만 천문학자들은 관찰과 실험의 과학적인 방법을 통해서 코페르니쿠스가 주장한 지동설이 진리임을 증명했습니다. 이리하여 코페르니쿠스의 지동설의 이론은 다른 천문학자들에게 자극을 주어서 더욱 활발한 연구를 할 수 있게 하는 계기를 마련해 주었습니다.

52 영국의 인클로저 운동

1600년

인클로저 운동은 15세기 말부터 18세기 말까지 무려 300여 년 동안에 영국에서 일어난 역사적인 재난이었습니다. 농경지를 목장으로 만드는 운동이라고 할 수 있는 이 운동은 목장으로 변한 땅에 울타리를 둘러서 다른 사람들의 출입을 막았기 때문에 '인클로저' 즉 '둘러싸기'라는 이름이 붙여졌습니다.

15세기 말부터 영국은 해외 무역이 늘어나면서 양모업이 빠르게 발전하였습니다. 따라서 양털을 많이 찾았고 양털의

값도 치솟게 되었습니다. 이렇게 되자 땅을 가지고 있던 귀족들은 농사를 짓는 것보다는 양을 키우는 것이 훨씬 수입이 많다는 사실을 알게 되었습니다.

그래서 봉건 영주들과 지주들은 앞을 다투어 농민들을 내쫓았고 서둘러 울타리를 치기 시작습니다. 하루아침에 거리로 쫓긴 수많은 농민들은 도시로 몰려들어 일자리를 구하러 다녔습니다. 그러나 농민들을 기다리고 있는 일자리는 별로 없었습니다. 그들 대부분은 거리를 돌아다니면서 구걸을 하는 걸인 생활을 했고, 더러는 도둑이 되기도 하여 영국 사회는 이들로 인해 극심한 혼란에 빠져들었습니다.

이렇게 되자 국왕은 인클로저 운동을 금지하는 법을 만들어 공포하기에 이르렀습니다. 하지만 돈벌이에 눈이 먼 귀족과 지주들이 고분고분히 법을 따르지 않았으므로 결국 인클로저 운동 금지법은 얼마 후에 다시 폐지되었습니다.

그 후, 나라에서는 아무런 대책도 세우지 않았기 때문에 농민들의 불만은 극도에 달해 인클로저 운동에 반대하는 봉기가 영국 각지에서 끊임없이 일어났으나 영국 정부군에 의해 3500명이 전사하고, 주동자는 처형됨으로써 봉기군은 진압되었습니다.

영국의 작가 토머스 모어는 그가 쓴 《유토피아》라는 책에서 이 사건을 빗대어 '양이 사람을 잡아 먹는다'고 표현했습니다.

영국의 청교도 혁명

1642~1646년

영국 역사에서 커다란 업적을 남겨 국민으로부터 존경을 받았던 여왕 엘리자베스 1세가 자손이 없이 죽자, 가장 가까운 친척인 스코틀랜드의 왕이 그 뒤를 이었는데, 그가 바로 제임스 1세였습니다.

그리고 1625년에 제임스 1세의 뒤를 이어 그의 아들인 찰스 1세가 왕위에 올랐습니다.

그런데 찰스 1세는 즉위하자 의회의 승인도 없이 세금을 마구 거두어들이고, 이를 반대하는 사람은 옥에 가두었으며, 시민들의 고달픈 삶을 아랑곳하지 않았습니다.

이러한 찰스 1세의 폭정에 의회는 1628년에 영국 역사상 유명한 문서가 된 '권리청원'을 국왕에게 제출했습니다. 이 권리청원에서, 국왕은 절대 군주가 아니라는 것과 국왕이 세금을 마음대로 매기거나 아무런 이유 없이 국민을 체포하거나 옥에 가두어서는 안 된다고 밝혔습니다.

이렇게 되자 찰스 1세는 몹시 화를 냈고, 이듬해인 1629년 1월에 의회를 11년 동안이나 없애 버렸습니다.

　그러나 돈이 필요해지자 다시 의회를 소집했는데 의원들은 찰스 1세를 비난했고 왕이 의회를 없애지 못하도록 법을 만들었습니다. 이에 찰스 1세는 군대를 움직여 다시 의회를 없애려고 했고, 의회도 군대를 모아 왕의 군대와 싸움을 벌였습니다. 처음에는 싸움이 왕에게 우세했으나, 크롬웰이 청교도로 편성한 철기대의 활약으로 의회파가 승리했습니다.

　이 싸움에서 승리한 의회는 1649년 1월 30일에 찰스 1세를 처형했고 의회는 다시 공화정으로 바뀌었습니다.

　이 사건을 '청교도 혁명'이라고 합니다.

1643~1715년

54 태양왕 루이 14세

1643년에 5세의 나이로 왕이 된 루이 14세는 왕이 절대적인 권력을 가져야 나라가 잘 될 수 있다고 생각했습니다.

그는 왕이 된 후에 교육을 맡은 신학자에게서 '왕의 절대적 권력은 신으로부터 받은 것'이라는 왕권 신수설을 배우며 자랐습니다.

'짐이 곧 국가다' 라고 믿은 루이 14세는 유럽 대륙에서 가장 부유하고 강한 왕이었습니다. 루이 14세는 베르사유에 새로운 궁정을 지으라고 명령했는데, 공사를 시작한 지 20년 후인 1682년, 완성되지도 않은 베르사유로 왕궁과 정부를 옮겼습니다.

　이 때부터 베르사유에는 프랑스의 귀족들 전부가 옮겨 와서 살게 되었고, 베르사유 궁정에서 날마다 열리는 파티는 루이 14세의 권력을 나타내는 자리가 되었습니다. 파티는 귀족들을 사치와 낭비에 젖게 했으며, 귀족들은 왕에게 굽실거렸고 루이 14세는 절대적인 권력을 가질 수가 있었습니다.

　그런데 루이 14세의 화려한 생활과는 반대로 서민 생활은 몹시 비참해서 굶기를 밥먹듯 했고, 전염병도 자주 유행했습니다. 그 무렵, 프랑스 인의 평균 수명은 25세 이하였으며 파리와 모든 도시에는 거지들이 들끓었습니다.

　이러한 상태에서 계속해서 전쟁을 치렀으니 나라가 조용할 때가 없었습니다. 루이 14세는 또 국민의 종교를 가톨릭으로 통일하는 것이 절대 왕정에 이롭다고 하여, 1685년에 낭트 칙령을 폐지하자 신교도 위그노 25만 명이 영국과 네덜란드로 망명했습니다.

　루이 14세는 '태양왕' 이라 불리며 72년 동안 절대 권력을 휘두른 왕이었습니다.

1682년

55 러시아의 표트르 대제

러시아의 로마노프 왕조는 1613년에 시작되어 그 후 300년에 걸쳐서 러시아를 다스렸고, 1917년의 러시아 혁명으로 무너졌습니다. 러시아 개혁에 크게 이바지한 표트르 대제의 아버지는 로마노프 왕조의 제 2대 황제인 알렉세이였습니다.

그 무렵, 러시아는 큰 위기에 맞닥뜨려 정치가 몹시 어지러웠습니다. 이 때에 왕위에 오른 표트르 대제는 강력한 권력으로 서둘러서 개혁을 했습니다.

그의 개혁 목적은 옛 러시아와 헤어지는 것이었습니다. 이 개혁에서 그는 20세 때의 경험을 되살렸습니다. 그는 1689년, 황제를 대신해 러시아를 다스리던 소피아에 의해 살해될 뻔하다가 가까스로 피했던 일이 있었습니다. 이 일로 소피아는 수녀원으로 쫓겨났고, 정치의 실질적인 권한은 표트르에게 넘겨졌습니다.

1700년, 표트르는 러시아가 해외로 나가는 길을 찾기 위해 발트해에서 강대국 스웨덴과 이른바 '북방 전쟁'을 벌이게 되었습니다. 이 전쟁에서 처음에는 패하여 물러났으나 네바 강 하구로 나아가서 새 수도인 페테르스부르크를 건설했습니다. 그런 다음 표트르는 이 곳을 해군 기지로 삼아 발틱 함대의 조직을 시작했습니다.

표트르는 수도 건설과 군사비 등으로 국가 재정의 3분의 2를 지출했습니다. 표트르의 35년에 이르는 재위 기간 중 이러한 모든 일들을 손수 처리하는 바람에 평화로운 기간은 고작 13개월이었다고 합니다.

1721년, 스웨덴과의 북방 전쟁에 승리한 표트르는 마침내 황제의 칭호를 받고, 러시아는 강대국으로 발돋움하게 되었습니다.

1688년~1689년

56 영국의 명예 혁명

청교도 혁명의 승리 후 권력을 손아귀에 넣은 크롬웰은 1653년에 강력한 군대의 지지를 받고 의회를 해산시킨 후에 독재자의 길을 걸었습니다.

그러나 크롬웰이 1658년에 병으로 죽은 후 의회의 온건파가 다시 권력을 잡았습니다. 1660년에 온건파 의회는 프랑스에 망명해 있던 찰스 2세와 그의 가족들을 영국으로 다시

불러들였으며, 이로써 왕정 복고가 이루어졌습니다.

그러나 찰스 2세는 영국으로 돌아와 왕위에 오르자 혁명을 일으킨 청교도들을 못살게 굴기 시작했습니다.

그 후 찰스 2세의 뒤를 이어 1685년에 왕위에 오른 제임스 2세는 의회에 협조하지 않을 뿐만 아니라 국민들에게 가톨릭 교를 믿으라고 명령했습니다. 칼뱅을 따르는 청교도나 영국 국교회를 믿고 있던 의회의 의원들은 왕의 명령을 따르지 않고 화를 냈습니다.

그리하여 제임스 2세를 왕의 자리에서 끌어 내고 국왕의 장녀로서 신교도인 메리와 그녀의 남편인 네덜란드 총독 윌리엄 등 두 사람이 공동으로 나라를 다스린다는 조건으로 영국 왕으로 정했습니다.

새로운 국왕의 부부가 1만 5천 명의 군대를 거느리고 영국에 상륙하자, 제임스 2세는 프랑스로 망명했는데 이를 가리켜 피를 흘리지 않고 성공한 '명예 혁명'이라고 합니다.

그러나 새 왕인 윌리엄 3세는 영국의 사정을 잘 몰라서 나랏일을 모두 의회에 맡겨 버렸습니다.

이렇게 왕은 있지만 헌법에 의하여 정치를 하는 것을 입헌 군주제라고 하는데, 입헌 군주제를 실시함으로써 영국은 점점 발전된 민주적인 나라로 되어 갔습니다.

57 황제가 된 나폴레옹

1769~1821년

나폴레옹이 자라서 육군 사관 학교에 다녔을 때는 프랑스 대혁명으로 루이 16세와 그의 왕비 마리 앙투아네트가 처형된 직후였습니다.

이 때 유럽의 왕들은 프랑스 혁명이 자기 나라에까지 영향이 끼칠 것을 염려하여 영국을 비롯한 동맹군을 조직하여 프랑스를 공격해 왔는데, 나폴레옹은 사령관이 되어 이탈리아, 오스트리아와의 전쟁에서 승리했습니다.

다섯 명의 총재들이 정치를 하던 프랑스의 시민들은 강력한 지도자를 원하여 나폴레옹을 통령으로 뽑았습니다. 그러나, 나폴레옹은 이에 만족하지 않고 1804년에 국민 투표를 실시하여 황제가 된 뒤 나폴레옹 1세라고 칭했습니다.

나폴레옹은 유럽 여러 나라를 손아귀에 쥐고 있었지만 영국만은 지배하지 못했기 때문에 유럽 여러 나라들에게 영국과 무역을 하지 말라고 명령한 대륙 봉쇄령을 내렸습니다. 그러나 러시아는 이 명령을 어기고 영국과 무역을 했습니다. 이를 괘씸하게 여긴 나폴레옹은 1812년에 61만 명의 대군

을 이끌고 러시아 원정길에 나섰습니다. 그리하여 나폴레옹 군대는 모스크바를 점령했으나 러시아 군대가 후퇴하면서 모스크바에 불을 질러 모스크바의 4분의 3이 불타 버리자, 나폴레옹 군대는 눈보라를 무릅쓰고, 물러나야 했습니다. 이 과정에서 나폴레옹 군대는 뒤쫓아오는 러시아 군대의 공격을 받아 40만 명이 죽고 10만 명이 포로로 잡혀 완전히 패배하고 말았습니다.

  이 패배가 원인이 되어 나폴레옹 군대는 1813년부터 여러 나라에서 일어난 국민 해방 전쟁에서 지고 나폴레옹은 1814년, 지중해에 있는 엘바 섬으로 유배되었습니다.

  그러나 이듬해에 몰래 탈출하여 다시 황제가 되었으나 3개월밖에 지탱하지 못했기 때문에 이를 백일 천하라고 합니다.

1775~1783년

58 미국의 독립

미국은 당시 영국이 다스리는 식민지였습니다.
그런데 미국이 영국에게서 독립하겠다고 선언하자 영국은 미국을 공격했습니다. 이에 미국은 조지 워싱턴을 사령관으로 삼고 군사를 모아 영국과 전쟁을 벌였습니다. 이 전쟁을 독립 전쟁이라고 합니다.

처음에는 고된 싸움이어서 필라델피아에 다다른 워싱턴의

군대는 영국군을 보고 놀랐습니다. 워싱턴의 군대는 추운 겨울을 텐트나 오두막에서 보냈기 때문에 6개월 동안에 3천여 명이 죽었습니다.

그렇지만 병사들은 용기를 잃지 않았습니다.

이렇게 나쁜 조건에서도 굽히지 않은 독립군은 마침내 1778년에 필라델피아를 점령했습니다.

또한 영국과 사이가 좋지 않았던 프랑스가 식민지 편을 들어 영국에 선전 포고를 했으며 이어서 스페인과 네덜란드도 그 뒤를 따랐습니다. 이리하여 독립군은 차차 이기는 싸움을 계속하여 마침내 1781년 요크타운 전투에서 승리하게 되었습니다.

이 전쟁은 미국의 승리로 끝났으며, 1783년에 영국은 파리 조약을 맺어 마침내 미국의 독립을 인정했습니다.

미국은 13개로 나뉘어져 있던 지역을 합쳐서 하나의 나라를 만들기로 했습니다. 이렇게 하여 미국이라는 새로운 나라가 세워지게 되었습니다.

미국은 유럽처럼 왕을 뽑지 않는 대신에 일정한 기간 동안 나라를 다스리는 대통령을 뽑았는데, 미국의 초대 대통령이 된 사람은 조지 워싱턴입니다.

59 프랑스 혁명

1789~1795년

프랑스는 모든 국민을 세 개의 신분으로 나누었는데 제1신분은 성직자, 제2 신분은 귀족, 시민들은 제3 신분에 딸렸습니다. 프랑스의 삼부회는 성직자와 귀족, 시민의 대표들로 이루어진 회를 가리켰으나 프랑스 왕들은 삼부회를 열지 않고 혼자 정치를 해 왔습니다.

이 무렵, 프랑스는 부르봉 왕조의 재정 궁핍과 흉작으로 시민들의 생활비에서 빵값이 차지하는 비율이 자그마치 88퍼센트나 되었습니다.

이렇게 악화된 경제 상태에서 귀족은 삼부회의 개최를 요구하였습니다.

이리하여 1789년 베르사유 궁전에서 삼부회가 열렸는데, 제3 신분인 시민이 헌법의 제정을 요구하자 제1, 2 신분인 성직자와 귀족은 제3 신분인 시민 대표들의 의견을 받아들여 주지 않았습니다.

이에 화가 난 시민 대표들은 자기들끼리 따로 국민 의회라는 단체를 만들었습니다.

국민 의회는 왕에게 헌법을 만들어 헌법대로 정치할 것을 요구했기 때문에 국민 의회는 회의장에서 쫓겨났으나, 테니스장에 다시 모여 왕이 헌법을 만들 때까지 돌아가지 않기로 결심했습니다.

 그러자 시민들은 자신들의 대표인 국민 의회를 구하고 왕을 내쫓기 위해 베르사유 궁전으로 몰려갔으며, 이어서 바스티유 감옥을 습격했습니다.

 이렇게 시작된 것이 프랑스 혁명인데 이 사건은 온 유럽을 휩쓸었고, 이것이 실마리가 되어 루이 16세와 그의 왕비인 마리 앙투아네트는 단두대의 이슬로 사라졌습니다.

1793년

프랑스의 공포 정치

프랑스의 왕 루이 16세가 단두대에서 처형된 후, 시민들은 의회가 법에 따라 정치를 해 나가기로 결정했습니다. 그러나 의회의 의원을 뽑는 선거권을 누구에게 주어야 하는가를 놓고 서로 말다툼을 벌였습니다.

모든 사람이 평등한 나라를 만들기로 인권 선언을 했으나 모두에게 평등권을 주지 않으려고 반대하는 사람들도 있었기 때문입니다. 한편, 루이 16세가 단두대에서 처형당했다는 소식이 국외로 전해지자 영국을 중심으로 한 이웃 나라들

이 동맹을 맺어, 혁명을 일으킨 프랑스를 공격했습니다. 이로써 프랑스는 유럽 전체를 적으로 만들어 버렸습니다.

이렇게 어지러운 틈을 이용하여 혁명을 일으킨 사람 중의 하나인 로베스피에르가 권력을 잡게 되었습니다.

그는 외국과 손잡고 혁명을 반대하는 사람들과 물품을 사재기하여 자기 혼자만 잘 살려고 하는 사람들을 다스린다는 구실로 귀족을 포함하여 3만 5천 명 이상을 처형했는데, 이를 공포 정치라고 합니다.

로베스피에르의 공포 정치 덕분에 프랑스를 공격했던 이웃 나라 군대가 물러가고 프랑스는 시민들이 정한 헌법을 실시할 수가 있었습니다. 그러나 로베스피에르는 너무 많은 사람들을 죽이고 독재 정치를 했으므로 프랑스 시민들은 그의 공포 정치에 실증을 느끼고 '폭군을 타도하라'는 구호를 외치며 로베스피에르를 붙잡아 길로틴이라는 사형대에서 처형해 버렸습니다.

로베스피에르가 죽자 프랑스는 의회가 뽑은 다섯 명의 대표에게 정치를 맡겼습니다.

의회 구성원은 선거를 통해 뽑기로 했으나, 가장 가난한 사람 4분의 1은 선거를 할 수 없도록 해서 평등을 이루지는 못했습니다. 그렇지만 이러한 한계에도 불구하고 시민들에게 자유와 평등을 일깨워 주었습니다.

61 영국의 산업 혁명

1800년 말

영국은 북 아메리카 대륙에서 목화를 들여와 면직물로 만들어 내는 공업이 발전했습니다. 그리하여 18세기에 들어서면서 영국의 면직물 해외 수출은 빠른 속도로 늘어났습니다.

그 때는 기계나 공장이 없는 시대여서 사람들은 집에서 간단한 도구를 이용해 손으로 직접 면직물을 만들었는데, 이러한 것을 '매뉴 팩처', 즉 '공장내 수공업'이라고 합니다.

사람들은 좀더 빨리 많은 면직물을 만들어 낼 수 있는 방법을 여러 사람이 연구한 끝에 면직물을 만들어 내는 데 필요한 기계들을 만들게 되었습니다. 부자들은 기계를 사들여 여러 사람들을 한 장소에 모아 놓고 기계를 돌리게 했습니다.

이러한 장소가 나중에 공장이 된 것으로 공장에서는 주로 물을 이용해 기계를 돌렸습니다. 하지만 이 방법으로는 돈이 많이 들었고 한꺼번에 많은 기계를 돌릴 수가 없었습니다.

그러던 중 영국의 발명가인 와트가 증기 기관을 발명했습니다. 증기 기관이란 수증기를 이용하여 기계를 움직일 수 있는 지금의 모터 같은 것입니다. 이로써 공장은 증기 기관

을 이용하여 적은 돈으로 많은 기계를 돌릴 수 있게 되었습니다. 그리고 농사를 짓던 사람들은 공장에 취직하거나 직접 공장을 운영하기도 했습니다.

이처럼 사람들이 손으로 물건을 만들던 것을 기계가 대신 만들게 되면서 농업 중심의 사회가 공업 중심의 사회로 변화된 것을 산업 혁명이라고 합니다. 영국은 산업 혁명으로 인하여 공업이 발달한 부자 나라가 되었습니다.

그러나 산업 혁명이 이렇게 좋은 면만을 가져다 준 것은 아닙니다. 노동자는 집을 떠나 공장으로 일하러 가야만 했고, 소음과 좋지 않은 환경 속에서 하루에 14~15시간씩 일을 하지 않으면 안 되었습니다.

또한, 노동자는 직장에서의 오랜 시간 노동과 좋지 않은 생활 조건으로 인하여 육체가 쇠약해져서 생명도 짧아졌습니다.

1840년~1842년

아편 전쟁

산업혁명 이후 영국에는 값이 싼 홍차를 마시는 습관이 버릇처럼 되어 그 무렵 유일한 차 수출국이었던 청나라에서 해마다 수많은 양의 홍차를 수입했습니다.

홍차를 사려면 청나라에 은을 주어야만 했습니다. 이에 영국은 자유 무역을 내세우며 자기 나라에서 만든 공업 제품을 수출하려고 했으나 청나라는 이를 받아들이지 않았습니다.

그러자 1820년대 후반부터 영국은 중국의 홍차를 수입하기 위해 인도에서 생산되는 아편을 중국의 지방 상인들에게 밀수출하여 은을 벌어들였습니다. 이리하여 아편은 중국에 빠르게 퍼져 많은 사회 문제가 생기게 하였습니다.

아편은 중독이 되는 약품이기 때문에 한번 맛을 들이면 쉽게 끊을 수 없었습니다. 아편에 중독된 청나라 사람들은 은을 주고 아편을 사게 되었고, 이로 인해 청나라가 정치적·사회적·경제적 위기에 처하게 되었습니다.

청나라 조정에서는 아편 때문에 나라가 가난해진다는 사실을 깨닫고, 아편이 몰래 거래되는 지방에 아편의 엄금을 주장하는 임칙서를 보내 아편이 들어오지 못하게 하라고 시켰습니다.

임칙서는 1천 명의 군사를 데리고 1839년 3월, 광동에 도착하여 아편에 관련된 중국인을 처벌하고, 아편을 지니고 있는 외국인에게도 아편과 서약서를 제출하라고 요구했습니다. 그러자 영국 상인들은 이를 거절한 채 마카오로 돌아갔고, 영국 정부는 이 해 10월에 원정군을 보내기로 결정했습니다.

한편, 술에 취한 영국인 선원들에 의해 중국인 농부가 살해당하자, 이 문제를 두고 영국과 중국 사이에 말다툼이 벌어진 끝에 두 나라 해군 사이에 충돌이 일어나고, 이 해 11월 3일에 두 나라가 전쟁을 벌였는데 이것이 바로 '아편 전쟁' 입니다.

63 마르크스의 '공산당 선언'

1848년

마르크스는 1818년 독일 라인란트팔츠 주 트리어에서 이름 있는 법률가인 아버지와 귀족 출신인 어머니 사이에서 태어났습니다. 그는 8남매 중에서 셋째이자 맏아들인 마르크스는 머리가 가장 좋고 타고난 성품이 뛰어나 부모의 기대를 한 몸에 받고 자랐다고 합니다.

산업 혁명으로 이룩된 사회는 기계와 공장을 가지고 있는 자본가와 공장에서 일하는 노동자로 이루어져 있었습니다. 자본가는 돈을 주고 노동자들에게 일을 시켜 물건을 만들어 냈습니다. 그리고 그 물건을 팔아서 얻은 이익 가운데서 지극히 적은 돈만을 노동자들에게 임금으로 주었습니다.

마르크스는 노동자들이 가난한 것은 이러한 자본주의 체제에 문제가 있기 때문이라고 주장했습니다.

마르크스의 주장대로라면 노동자들이 가난한 생활에서 벗어나기 위해서는 자본주의를 무너뜨리고 새로운 사회를 만들어야 했습니다. 그가 주장한 새로운 사회는 바로 사회주의, 더 나아가 공산주의였습니다. 공산주의란 개인이 재산을 갖는 것을 허락하지 않고 국가의 재산을 함께 나누어 갖는 평등한 사회를 말합니다.

1848년 2월, 마르크스는 엥겔스와 함께 유명한 《공산당 선언》을 발표했습니다.

이 〈공산당 선언〉은 '모든 역사는 계급 투쟁의 역사'라는 말로 시작해서 '세계 모든 나라의 노동자여, 한데 뭉치라'는 부르짖음으로 끝을 맺습니다. 마르크스는 또 이 선언에서 자본주의는 자본가에게만 유리한 사회일 뿐 노동자들에게 돌아오는 것은 굶주림과 질병뿐이라고 주장했습니다. 그는 또 모든 인간이 인간다운 생활을 하는 사회, 모두가 평등한 사회를 만들어야 한다고 굳게 믿었습니다.

1851년

제1회 만국 박람회

1837년 18세의 나이로 영국의 5번째 여왕으로 즉위한 빅토리아 여왕은 64년 동안 대영 제국을 다스렸습니다. 영국은 산업 혁명 후 면직물 공업과 철도 건설 등으로 경제력과 기술 수준을 자랑했습니다.

이렇게 영국의 힘을 자랑하는 것이 바로 1851년에 런던에서 열린 제1회 만국 박람회였습니다. 6백만 명이나 입장한 만국 박람회는 박람회장

인 하이드 파크에 무려 30만 장이나 되는 유리를 사용하여 앞면이 유리로 된 커다란 대전시장인 수정궁이 세워져 사람들을 놀라게 했습니다.

 이 무렵, 영국의 가장 큰 문제는 돈을 물쓰듯 하면서 화려한 생활을 하는 자본가와 지주 및 귀족과, 소음과 매연에 둘러싸인 도시의 빈민가에서 비참한 나날을 보내는 노동자의 두 가지 국민의 존재였습니다.

 영국은 그 때까지 무역을 제일로 쳤던 방법을 바꾸어 대외 투자로 이익을 보는 금융 대국의 길을 마련하기 위해 적극적으로 식민지를 만드는 데에 힘썼습니다. 이를 위해서는 유럽 해역의 제해권을 손에 쥔 강력한 해군의 힘이 뒷받침되었습니다. 특히 영국 수상인 디즈레일리는 의회의 허락을 받지 않고 유대인 금융가인 로스차일드 상회로부터 4백만 파운드를 빌렸고 이 돈으로 1875년, 재정난에 빠진 이집트의 태수가 프랑스에 팔려고 하던 수에즈 운하의 주식을 샀습니다.

 이로써 영국은 유럽과 아시아의 거리를 6,000킬로미터나 줄이는 교통의 요지인 수에즈 운하를 소유하게 되었습니다. 또한 1877년에는 식민지 인도의 이름을 인도 제국으로 고치고 제왕의 자리를 빅토리아 여왕에게 바쳤으며, 1878년에는 동 지중해의 키프로스 섬을 차지하였습니다.

1851년~1864년

65 태평천국의 난

중국 청나라의 농민들은 매우 가난하게 살았기 때문에 더 이상 나라를 믿지 못했습니다. 그래서 농민들에게 태평 천국을 만들겠다는 홍수전의 말은 달콤하게 들렸습니다.

홍수전은 농민들에게 상제라는 신에 대해서 알렸습니다. 그런 다음 상제를 섬기는 사람들을 모아 상제회라는 단체를 만들었습니다. 상제회에 들어간 사람들 중에는 가난한 농민과 광산 노동자, 유랑민 등도 있었는데, 그들은 가지고 있는 재산을 모두 내놓았습니다.

상제회는 그렇게 해서 모아진 재물을 가지고 함께 모여 살았습니다. 그들이 모여 사는 곳은 신분의 차별이 없었고 남녀가 평등했으며, 모든 것을 똑같이 나누어 썼고 상제회를 운영하는 간부들도 공정하게 뽑았습니다.

상제회가 점점 세력을 넓혀 가자 이를 못마땅하게 여긴 청나라는 군대를 보내 상제회를 공격했습니다. 그러자 청나라를 멸망시키고 새로운 나라를 세워야 한다고 생각하고 있던 홍수전도 1851년, 1만 5천 명의 농민을 모아 군대를 만든 후

광서성 금전촌에서 군사를 일으켜 이들을 이끌고 청나라 군대와 싸웠습니다.

이어서 1853년에 홍수전은 50만 명의 대군을 이끌고 남경을 점령한 후 태평 천국을 세웠습니다. 태평 천국에 딸린 농민들은 토지를 고르게 나누고, 남녀 평등과 변발(남자의 머리털 둘레를 빡빡 밀고 가운데의 머리털을 땋아서 뒤로 늘어뜨린 머리) 금지 등을 주장했습니다.

한편, 약화된 청나라의 정규군에게는 태평 천국의 농민군을 진압할 힘이 없었기 때문에 증국번과 이홍장 등이 조직한 의용군이 농민군을 진압하는 주도 세력이 되었습니다.

이리하여 1864년에 천경이 함락되고 태평 천국은 멸망했으며 청나라의 실질적인 권리는 난을 진압하는데 공을 세운 증국번과 이홍장에게로 돌아갔습니다.

1859년

66 '진화론'을 주장한 다윈

사람이 신에 의해 만들어진 것인지, 아니면 원숭이가 변화한 것인지에 대해서는 아직까지도 뚜렷이 밝혀지지 않고 있습니다. 원숭이가 변해서 사람이 되었다고 처음으로 주장한 사람은 영국의 생물학자 다윈입니다.

1835년 가을, 다윈은 태평양에 있는 갈파파고스 군도의 여러 섬에서 검은방울새를 잡았는데, 각 섬에서 잡은 검은방울새는 서로 다른 특징을 지니고 있었습니다. 즉 부리가 큰 것과 작은 것 등 각각 다른 환경에서 자라면서 조금씩 다르게 발달한 것입니다.

다윈은 이 새를 통하여 한 종류의 생물이 오랜 세대에 걸쳐 자손을 퍼뜨리다 보면 점점 처음과는 다른 형태로 변화해 간다고 주장했습니다. 이러한 이론을 '진화론'이라고 합니다.

다윈은 모든 생물이 살아 가면서 환경에 적응하기 쉬운 부분은 더욱 발전시키고 적응하기 어려운 부분은 점점 없애려는 성질이 있다고 생각했습니다. 그래서 오랫동안 시간이 흐른 뒤에는 처음과는 다른 모습으로 변한다는 것입니다.

다윈은 이런 관찰과 연구 결과를 언제나 기록으로 남겼습니다. 그리고 5년 동안의 항해를 끝낸 후 《비글호 항해기》를 써서 발표했고, 이를 토대로 1859년에 〈종의 기원〉이라는 연구 결과를 발표하고 진화론을 주장했던 것입니다.

다윈은 또 모든 생물이 태어나 자라면서 치열한 생존 경쟁을 벌여, 이기는 생물은 살아 남고 지는 생물은 자연스럽게 멸종된다고 말했습니다. 이것을 적자 생존이라고 합니다.

그러나 하느님이 사람을 만들었다고 믿었던 기독교 신자들은 다윈의 진화론과 적자 생존을 받아들이지 않았습니다.

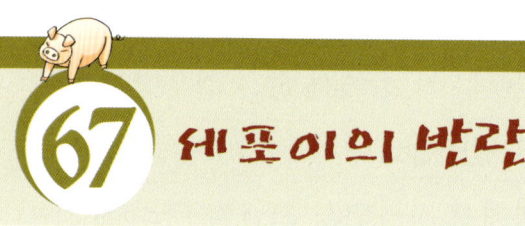

67 세포이의 반란

1859년

인도의 대반란을 보통 '세포이의 반란'이라고 하는데, 세포이는 영국 동인도 회사의 인도인 용병(봉급을 주고 복무하게 하는 군인)을 말합니다.

그러나 이 반란은 인도인 용병만 일으킨 것이 아니라 대지주와 중소 농민들까지 들고일어난 인도의 전 민족적 반란이 되었습니다.

인도인의 종교는 힌두 교와 이슬람 교로, 힌두 교도는 소를 섬기고, 이슬람 교도는 돼지고기를 먹지 않았습니다. 그런데 영국 동인도 회사의 군대에서 나누어 준 탄창을 매끄럽게 하기 위해 기름을 발랐는데, 세포이들은 그것이 소와 돼지의 기름을 섞은 것이라고 믿었습니다. 세포이들은 이러한 동인도 회사의 행동이 인도의 종교를 모욕하는 것이라고 몹시 분개했습니다.

1857년 4월 말, 군사 기지 메루투에 머물러 있던 세포이들이 총에 탄창을 끼우지 않자 영국 정부는 이들을 오랫동안 감옥에 가두어 버렸습니다. 세포이들은 이러한 처벌에 크게 분노했습니다. 이들은 5월 10일, 영국인 장교를 죽이고 유럽 군대가 없는 델리로 향했습니다.

 반란은 지방에서 시골의 작은 마을까지 휩쓸고 북인도와 중앙 인도까지 퍼져 나갔습니다. 또한 세포이의 군사적 반란에 그치지 않고, 위로는 황제로부터 지배층과 대토지 소유자, 농민들에 이르기까지 대규모의 반란으로 변해 갔습니다.

 인도인들은 이 기회에 자기네 땅에서 영국을 몰아내려고 했으나 뒤늦게 도착한 영국 군은 인도인들에게 대포를 쏘아 무자비하게 죽였습니다. 이리하여 결국 세포이의 반란은 실패로 끝나고 말았습니다.

1861~1865년

68 남북 전쟁

미국의 남부 지역은 큰 농장들이 많이 있었는데 인구가 적었기 때문에 농사를 짓기 위해 노예가 필요했습니다. 한편, 북부 지역은 남부 지역과는 반대로 철과 석탄 등의 지하 자원이 풍부하여 공업을 발전시켰기 때문에 노예보다는 많은 노동자가 필요했습니다.

이리하여 남부는 노예 제도의 허락과 자유 무역을 주장하고, 북부는 노예 제도를 없애고 보호 무역을 해야 한다고 주장했습니다. 빠르게 발전해 가는 유럽과는 다르게 신대륙에

빨리 해!

서는 영국으로부터 독립한 미합중국이 천천히 발전하여 대서양에서 태평양에 이르는 드넓은 영토를 차지하게 되었습니다. 그리고 그 넓은 영토의 남부에서는 아프리카에서 붙잡아 온 흑인이 목화밭에서 일하고 있었는데, 그들은 돈으로 매매되는 노예였습니다.

 그러던 중 1860년에 켄터키 주의 가난한 농민의 아들이었던 링컨이 대통령에 당선되었습니다. 이리하여 남북 관계는 더욱 나빠져서 남부의 7개 주는 합중국에서 떨어져 나와 미국 연방을 만든 후 북부에 맞서다가 1861년에 마침내 남북 전쟁이 일어났습니다.

 전쟁은 처음에 남부군이 유리했으나, 북부군이 점점 유리해졌습니다. 1863년 1월, 링컨은 미국 안에 있는 3백만 명의 노예 해방을 선언했습니다. 이로써 게티즈버그의 전투를 끝으로 1865년에 남북 전쟁은 양군을 합쳐 60만 명 이상의 전사자를 내고 끝났습니다.

 한편, 흑인 노예들이 떠난 남부의 농장은 폐허가 되었고 사람들은 살 길이 막막했습니다. 남부 사람들에게는 1865년에 다시 당선된 링컨 대통령이 원수처럼 여겨졌습니다. 그리하여 링컨은 전쟁이 끝난 직후 연극을 구경하다가 남부 출신의 배우로부터 등뒤에서 총을 맞고 사망했습니다.

1861년

69 독일 제국의 통일

독일은 중세 이후 신성 로마 제국이라는 이름으로 서 유럽에서 가장 넓은 영토를 차지하고 있었으나, 사실은 크고 작은 나라가 합친 것에 지나지 않았습니다.

그 후 19세기에 이르러서도 통일 국가를 이루지 못하고 있었으나, 독일 안에서는 통일 운동이 활발하게 일어나고 있었기 때문에 독일을 통일하는 두 가지 길이 열리게 되었습니다. 그 중의 하나는 '소독일주의'로서 슬라브인과 마자르인 및 이탈리아 인 등을 안고 있는 오스트리아를 빼고 북 독일의 프로이센을 중심으로 독일 민족 국가를 세우는 것이었습니다. 그리고 다른 하나는 오스트리아를 중심으로 하여 신성 로마 제국의 모든 영토를 합하는 '대 독일주의'를 실현하는 길이었습니다.

1861년, 빌헬름 1세가 프로이센 왕위에 오르면서 이듬해에 프로이센의 수상이 된 비스마르크는 '독일의 큰 문제는 언론이나 다수결이 아닌 철(군비)과 혈(피:국민의 헌신)에 의해서만 해결될 수 있다'는 철혈 정책을 내걸었습니다.

비스마르크는 의회를 무시하고 군사 시설과 장비를 늘려

독일의 통일을 강하게 밀고 나갔습니다. 그는 또 독일인들이 많이 살고 있는 홀스타인 등을 덴마크로부터 빼앗았는데, 이의 지배권을 둘러싸고 오스트리아 전쟁이 일어났습니다.

이 전쟁에서 프로이센은 오스트리아를 무찌르고, 오스트리아와 오스트리아의 편을 든 남독일의 여러 연방을 무시한 채 북독일 연방을 만들었습니다.

비스마르크는 독일의 통일을 이루기 위해서는 프랑스와 전쟁을 해야 한다고 생각하고, 미처 전쟁 준비도 하지 않은 프랑스와 전쟁을 벌였습니다. 그리하여 마침내 프랑스를 쳐부수고 승리한 비스마르크의 프로이센은 프랑스의 베르사유 궁전에 있는 거울의 방에서 독일 제국의 성립을 발표하고 독일의 통일을 이루게 되었습니다.

1869년

수에즈 운하의 개통

1869년, 이집트에 수에즈 운하가 개통되었습니다. 수에즈 운하는 지중해와 홍해를 가로막고 있는 육지를 파서 그 사이로 바닷물이 흐르게 한 것입니다.

그 동안 유럽은 동방으로 가기 위해서는 아프리카 대륙을 멀리 한 바퀴 돌아야 했으나, 수에즈 운하는 서 유럽과 인도

양의 거리를 8천 킬로미터 가량 줄인 지름길입니다.

수에즈 운하를 만드는 공사는 '만국 수에즈 해양 운하 회사'를 세운 프랑스가 맡아서 지휘했기 때문에 이 운하의 주인은 이집트였으나 관리와 운영은 프랑스가 했습니다.

그런데 영국이 수에즈 운하의 운영권에 욕심을 냈습니다. 왜냐하면 이 운하를 통해서 유럽의 다른 나라들이 동방, 특히 인도를 다스리려고 할 것 같아 걱정되었기 때문입니다. 그래서 이집트의 수에즈 운하 회사의 주식을 모두 사들였습니다.

그리하여 1875년에 수에즈 운하는 마침내 영국과 프랑스에게로 운영권이 넘어갔습니다.

이집트에서는 1936년 이후 영국과 이집트의 조약에 따라 영국군이 수에즈 운하 지대에 머무는 것을 반대하는 분위기가 가득했습니다. 그리하여 1952년에 청년 장교가 이끄는 군사 쿠데타가 발생하여 영국군을 수에즈 운하에서 물러나게 하고, 1956년에 나세르가 대통령에 취임했습니다.

나세르는 대통령이 되자 수에즈 운하를 국가의 소유로 한다고 선언했습니다. 이에 대해 수에즈 운하의 경영권을 가진 영국과 프랑스 및 이스라엘은 즉시 군사를 보내 공격했습니다. 이것이 제2차 중동 전쟁입니다. 그러나 국제 여론이 이집트 편으로 기울자 곧 휴전이 이루어지고 이로써 이집트에 의한 수에즈 운하의 국가 소유는 이루어졌습니다.

브나로드 운동

1870년

19세기까지 러시아 농민은 영주의 땅을 빌려 농사를 짓는 농노 제도를 유지했습니다. 그래서 농민들은 자유로울 수가 없었고, 무거운 세금을 내야 했기 때문에 가난 속에서 허덕이며 살았습니다.

이에 러시아의 학생과 청년 귀족, 지식인들은 농노 제도를 없애야 한다고 주장한 끝에 알렉산드르 2세는 '아래에서 혁명을 하는 것보다는 위에서 혁명하는 것이 좋다'면서 1861년에 농노 해방령을 선포하여 농노를 해방시켰습니다. 그러나 이는 지주 중심이었기 때문에 해방된 농민의 생활은 오히려 이전보다 더 가난해졌습니다.

그러자 지식인과 학생들은 이 개혁이 엉터리라고 맹렬히 비판했습니다. 그들은 모든 농민이 똑같이 일하고, 거두어들인 곡식과 물건을 똑같이 나누는 사회주의 사회를 원했던 것입니다.

그래서 청년 귀족과 급진적인 지식 계급 및 학생들은 나로드니키라는 모임을 만들었습니다. 나로드니키 운동은 러시아를 사회주의 나라로 만들기 위해서는 농민들이 사회주의에 대해서 알아야 한다고 생각했습니다.

 그러나 이 운동은 농부들의 지지를 얻지 못했고, 점점 테러 행동을 하는 등 과격해졌습니다. 그리하여 농민들과 함께 생활하며 그들을 가르쳤는데, 이것을 민중 속으로의 뜻을 지닌 '브나로드 운동'이라고 합니다.

 '브나로드 운동'은 개혁에 실망한 지식층 청년들이 농촌으로 들어가 농촌 공동체를 모체로 하여 펼친 활동이었으나 러시아 정부의 탄압으로 실패하고 말았습니다. 하지만 농민들은 새로운 세상에 눈을 뜨게 되었으며, 러시아 정부는 이러한 국내의 불안을 없애기 위해서라도 남하 정책을 적극적으로 밀고 나아갈 수밖에 없었습니다.

1871년

72 파리의 혁명 정권

프랑스와 프로이센의 전쟁이 시작된 지 2개월 후 나폴레옹 3세가 프로이센 군의 포로가 되어 전쟁은 빠른 시간 안에 프랑스의 패배로 끝나 프랑스는 프로이센에게 항복하고 철혈 재상 비스마르크 앞에 무릎을 꿇었습니다.

1871년 1월, 전쟁에서 승리한 프로이센은 프랑스의 베르사유 궁전 내 거울의 방에서 독일 제국의 성립을 선언하고 오랫동안 바랐던 통일을 이루었습니다. 그러나 프랑스 시민과 노동자들의 독일인에 대한 감정은 몹시 좋지 않아 항복을 받아들일 수 없었고, 프로이센의 다스림을 받지 않는 자기들만

우리 스스로 관리한다!

의 혁명 정권을 만들려고 했습니다.

　이에 프로이센은 프랑스 정부에게 프랑스 시민들이 혁명 정권을 만들지 못하게 하라고 명령했습니다. 이 명령을 따를 수밖에 없었던 프랑스 정부는 노동자와 시민들을 타일렀으나 말을 듣지 않자 그들을 향해 총과 대포를 쏘았습니다.

　그러자 프랑스 시민들과 노동자들도 정부를 공격하여 정부와 혁명 정권 사이에 싸움이 벌어지게 되었습니다.

　프랑스 정부는 혁명 정권의 공격을 막아낼 수 없어 수도인 파리에서 쫓겨났습니다. 이것이 프랑스 시민과 노동자들에 의해 파리에 세워진 혁명 정권인데 이를 가리켜 파리 코뮌이라고 합니다.

　파리 코뮌은 대부분 파리의 소시민과 노동자들로 이루어졌습니다. 그래서 프랑스는 이들이 정치를 하는 나라가 되었습니다. 그들은 가난한 사람들의 생활을 보장하고 노동자가 공장을 관리하는 등 새로운 법을 만들었습니다.

　또한 모두가 똑같이 일하고 똑같이 나누어 갖는 사회주의를 원했습니다. 그러나 파리 코뮌은 군사적 지휘가 통일되지 못하여 일 주일 동안의 격전 끝에 프랑스 정부군에 의해 무너지고 말았으며, 이로 인하여 뒷날의 혁명 운동이 뒷걸음질 치게 되었습니다.

1879년

73 발명왕 에디슨

미국의 발명가인 에디슨은 1847년 2월 11일에 미국의 오하이오 주 밀란에서 태어났습니다. 에디슨은 8세 때에 초등학교에 입학했으나 엉뚱한 질문으로 선생님을 자주 당황하게 하여 결국 입학한 지 3개월 만에 학교를 그만두고 그 때부터 어머니에게서 교육을 받았습니다.

1859년, 포트휴런 시에 철도가 놓여지자 에디슨은 열차 안에서 신문을 파는 일자리를 얻어 한동안 활동하다가 결국 자신이 〈위클리 헤럴드〉라는 신문을 만들었는데, 이 신문은 열차 안에서 만든 세계 최초의 신문이 되었습니다. 1869년, 22세가 된 에디슨은 발명가가 되겠다는 꿈을 안고 뉴욕의 금 시세를 알리는 회사에 들어가 연구한 끝에 다이얼을 돌리면 자동으로 금값을 알 수 있게 되는 금 시세기를 발명했습니다.

에디슨은 그 후 1876년에 펜실베이니아 주에 있는 멘로파크라는 작은 마을에 연구소를 차리고 그의 일생 동안 가장 많은 발명을 했습니다. 그 중에서도 기계가 만들어 내는 신호 대신에 사람의 목소리로 직접 통신할 수 있는 전화기에 대한 연구는 매우 값진 것이었습니다.

 에디슨의 발명품은 1300가지나 됩니다. 축음기를 비롯하여 확성기와 건전지·영사기·탄소 전화기 등등. 그 중에서 가장 크게 세상을 변화시킨 발명품은 백열 전구입니다.

 에디슨은 많은 실험을 거듭한 끝에 1879년, 유리관 안에 탄소 필라멘트를 넣어 백열 전구를 만들었습니다. 이 백열 전구는 1200시간이나 빛을 낼 수 있는 뛰어난 발명품이었습니다. 이리하여 세계는 전등의 시대가 열리게 되었고, 어두웠던 밤을 대낮처럼 환하게 밝힐 수가 있게 되었습니다.

 1931년 10월 18일, 에디슨은 84세의 나이로 세상을 떠났습니다.

 "나의 모든 발명은 1퍼센트의 영감과 99퍼센트의 노력으로 이루어진 것입니다."

1905년

74 러시아의 '피의 일요일'

1905년 1월 22일 일요일, 제정 러시아의 수도인 페테르부르크의 노동자와 그들의 가족 20여만 명은 평화로운 행진을 시작했습니다. 이들의 목적지는 차르, 즉 황제가 사는 동궁이었습니다.

이들은 자비로운 차르에게 자신들의 굶주림과 고통을 호소하러 가는 길이었습니다.

이들이 동궁 앞 넓은 광장에 도착했을 때 그 곳에서는 수만 명의 군대와 경찰의 바리케이드가 그들을 기다리고 있었습니다. 행진 대열은 중지 명령에도 불구하고 더 이상 물러설 곳 없이 행진을 계속했는데, 그 때 차르의 군대는 이들을 향해 일제히 사격을 시작했습니다. 순식간에 사람들이 쓰러지고 대열은 흩어졌으며 페테르부르크 거리는 노동자들이 흘린 피로 붉게 물들었습니다.

사태는 이것으로 끝나지 않았습니다. 소식을 듣고 흥분한 군중과 학생들이 다시 모여들어 군대의 야만적 행동에 비난을 퍼부었습니다. 그러자 군대는 무자비하게 다시 총을 쏘아 1000여 명이 즉사하고, 부상자는 수천 명에 달했습니다. 이것이 바로 '피의 일요일'입니다.

1904년 12월, 페테르부르크에서 가장 크고 오래 된 프티로프 공장 노동자들은 회사에 조그만 요구를 했습니다.

그런데 공장주는 요구를 들어 주기는커녕 주동자 4명을 해고해 버렸습니다. 이에 1905년 1월, 노동자들은 파업을 벌였고, 다른 공장들도 이에 가담하자, 파업은 페테르부르크 시 전체로 퍼져, 마침내 피의 일요일 사건이 터진 것입니다.

이후 러시아는 약 1년간 혁명이 일어났고, 마침내 니콜라스 2세는 굴복하고 '10월 선언'을 발표하기에 이르렀습니다.

75 신해 혁명

1911년

아편 전쟁에 진 데 이어 일본과 싸운 청일 전쟁에서도 진 후 청나라는 더욱 강한 여러 나라의 압력을 받게 되었습니다. 이리하여 중국에는 외국인을 미워하는 마음이 깊어졌고, 외국인과 싸워야 한다는 분위기가 높아졌습니다. 이 때 중국인들 사이에 널리 퍼진 것이 예부터 전해져 오던 의화 권법이었습니다. 이 무술은 1백일 동안 연습하면 총알이 피해 가고 4백일 동안 연습하면 하늘을 날 수 있다고 했습니다.

어떤 일이든지 터지기만 바라던 사람들 사이에 이 무술은 빠르게 퍼져 갔고, 중국 북부에 살던 외국인은 그들에게 살해 당하거나 재산을 빼앗기기도 했습니다.

조정에서는 이러한 의화단 운동을 지지하는 보수파와 반대하는 혁신파가 서로 맞서게 되어 보수 세력이 권력을 잡고 의화단과 함께 외국에 선전 포고를 했습니다.

한편, 손문은 청일 전쟁이 끝난 직후인 1895년 11월, 광주에서 혁명의 깃발을 들었습니다. 만주족인 청왕조를 물리치자는 것이었습니다. 그러나 제1회 혁명은 실패로 돌아가고 현상금이 걸린 손문은 서둘러 일본으로 망명하였습니다.

일본에 온 손문은 1905년 7월, 일본에 있는 여러 혁명 단체를 단결하게 하여 중국 혁명 동맹회를 만들고 민보를 발행하여 삼민주의(민족주의·민권주의·민생주의)의 강령을 실었습니다.

이리하여 손문은 혁명 여론을 불러일으키고 각지의 혁명 조직에 함께 뭉칠 것을 지시했습니다. 1911년 10월 10일, 유럽의 강한 나라들에게 꼼짝하지 못하는 청왕조에 대해 싫증을 느낀 혁명파 군인들은 마침내 호북성의 성도인 무창에서 들고일어났습니다. 그리고 한 달이 못 되어 12개 성이 독립 정권을 세움으로써 청나라 왕조는 무너지게 되었는데, 이것이 바로 '신해 혁명'입니다.

1914~1918년

76 제1차 세계 대전

1914년 6월 28일이었습니다.

오스트리아 육군의 훈련을 시찰하기 위해 오스트리아의 프란츠 페르디난트 황태자 부부가 보스니아의 수도 사라예보를 방문했습니다.

시찰을 끝낸 황태자는 예정을 바꾸어 그 날 오전에 있었던 폭탄 테러로 부상당한 수행원들을 방문하기로 되어 있었습니다. 그러나 예정이 변경되었다는 사실을 연락받지 못한 운전사가 길을 잘못 들고 말았습니다. 이 사실을 알게 된 운전사가 차를 멈추는 순간 거리 모퉁이에서 기다리고 있던 19세의 세르비아 인 대학생이 황태자 부부에게 총을 쏘아 살해하는 '사라예보 사건'이 일어났습니다.

황태자가 살해당하자 오스트리아 왕은 세르비아에 선전 포고를 했습니다. 이리하여 유럽의 여러 나라들은 이 전쟁에 끼어들었는데, 이렇게 시작된 것이 제1차 세계 대전입니다.

세르비아를 비롯한 동 유럽의 여러 나라들은 슬라브 민족인 반면, 오스트리아는 게르만 민족이었습니다. 그래서 세르비아와 오스트리아는 서로 사이가 좋지 않았습니다.

세르비아와 오스트리아 전쟁에서 러시아가 세르비아 편을 들자 독일은 오스트리아 편을 들며 전쟁에 끼여들었습니다. 그 결과 오스트리아와 세르비아의 전쟁은 독일과 러시아 전쟁으로 번지게 되었습니다.

전쟁은 독일의 승리로 굳어지고 있었습니다. 그러자 이번에는 영국과 프랑스가 러시아 편을 들어 독일과 싸웠습니다.

영국과 프랑스가 전쟁에 끼여든 이유는 그 무렵의 유럽이 두 개의 큰 세력으로 나누어져 있었기 때문입니다. 독일과 이탈리아와 오스트리아는 다른 나라와 전쟁을 할 때 서로 도와 주기로 동맹을 맺고 있었는데, 이를 삼국 동맹이라고 합니다. 결국, 제1차 세계 대전은 제국주의에 의한 권력 다툼으로, 독일과 오스트리아 동맹국의 패배로 막을 내렸습니다.

20세기 초

77 간디의 저항 운동

인도는 오랫동안 영국의 식민지로 시달림을 받고 있었습니다. 특히, 영국은 인도에 동인도 회사를 차려 놓고 인도의 재산을 강제로 빼앗았고, 무거운 세금을 매겼으며, 상품이 되는 작물의 재배를 강요했습니다.

그리하여 인도인들은 영국에게서 독립하기 위해 갖은 노력을 다 기울였습니다.

영국은 제1차 세계 대전 중에 전쟁이 끝나면 인도에 자치

권을 주겠다고 약속하며 전쟁에 협력할 것을 요구했습니다.

그러나 영국은 전쟁이 끝난 후에 약속을 지키기는커녕 긴급 형사 특별법이라는 더욱 엄격한 법을 만들어 영장이 없어도 체포하고 감옥에 보낼 수 있는 권한을 인도 총독에게 주어서 민족 운동을 억눌렀습니다.

또한, 소금에 높은 가격을 붙이는 소금법도 영국이 인도인들을 괴롭히기 위해 만든 것이었습니다. 이 무렵, 남 아프리카에서 살고 있는 인도인에 대한 차별을 없애 명성을 얻은 변호사 간디는 조국인 인도에 돌아와 민족 운동을 이끌었습니다.

간디는 인도 인들이 쓰는 물건은 인도 인들이 스스로 만들어야 영국에게서 자유로울 수 있다고 생각했습니다. 그리하여 60세가 넘은 간디는 민중들의 열렬한 환영을 받으며 79명의 제자를 데리고 29일 동안 170여 곳의 마을을 돌아 약 320킬로미터나 떨어진 해안까지 걸어가 영국이 금지한 소금 23그램을 만들었습니다.

이것이 유명한 '소금의 행진' 입니다.

간디는 또 인도가 독립하기 위해서는 영국과 싸우지는 말되 영국이 정한 법을 따르지 말아야 한다고 생각했습니다. 이것이 비폭력·불복종의 저항 운동입니다. 그러나 이 방법도 인도에 독립을 가져다 주지는 못했습니다.

1916년

78 새로 등장한 무기들

제1차 세계 대전은 독일을 비롯한 오스트리아와 투르크·불가리아 등 4개국과 27개의 협상국(연합국)이 싸운 대전쟁이었습니다.

제1차 세계 대전이 한창인 때 독일은 프랑스의 베르덩을 공격하여 프랑스 군을 향해 독가스를 사용했습니다.

1916년의 베르덩 전투에서 3개월 동안에 독일군과 프랑스군의 사상자는 각각 50만 명이나 되었고, 양쪽 군인들이 쏜 포탄은 2700발이나 되었습니다.

이 전쟁에서는 탱크가 새로 등장했는데, 독일은 영국과 프랑스 연합군이 만든 탱크를 연구해서 더 좋은 탱크를 만들었습니다.

그 밖에도 독일에서는 전투기를 만들고, 영국은 잠수함을 만들어 서로 공격했습니다.

그 동안 발달해 온 과학이 전쟁을 위해 총동원된 것입니다.

새로운 무기들은 한 번의 공격으로도 수많은 사람을 죽일 수 있었는데, 이 전쟁에서 전사자는 약 1천만 명이었고 부상자는 2천만 명이나 되었습니다.

　여기에는 아시아인과 아프리카 인도 들어 있었습니다. 영국과 프랑스는 식민지들에게 전쟁에 참가하면 독립을 시켜 준다고 약속했습니다.

　또, 아시아에서 가장 강했던 일본은 서양에 그 힘을 뽐내려고 전쟁에 참가했습니다.

　이로써 세계는 황폐해졌지만 이익을 본 나라도 있습니다.

　미국은 중립을 지키겠다고 중반까지 전쟁에 참가하지 않는 대신 무기를 만들어 유럽에 팔았기 때문에 제1차 세계 대전으로 인해 더욱 부자가 되었습니다.

1917년

79 10월 혁명

러시아에는 유산 계급을 중심으로 임시 정부가 세워졌는데, 임시 정부는 서 유럽의 여러 나라들처럼 의회를 만들고 공화 정치를 해야 한다고 주장했습니다.

그러나 이 때 사회주의를 믿으며 전쟁을 반대하여 스위스에 망명해 있던 레닌이 독일에서 보내 준 열차를 타고 귀국하여 임시 정부를 반대하고 나섰습니다.

레닌은 모든 러시아 인들이 잘 살기 위해서는 사회주의 국가가 되어야 한다고 생각했습니다. 그래서 사회주의를 원하는 사람들을 모아 볼셰비키 당을 만들었습니다.

그 무렵 러시아 인들은 가난을 전쟁 탓으로 돌렸으므로 러시아가 더 이상 제1차 세계 대전에 참가하지 않기를 바랐습니다. 그러나 임시 정부는 전쟁을 계속하려고 했고 볼셰비키 당은 전쟁에 참가하지 않아야 한다고 주장해 임시 정부를 지지하던 사람들이 점점 볼셰비키 당 쪽으로 기울어졌습니다.

마침 이 때, 케렌스키 내각을 물리치려는 제정파 장군 코르닐로프의 반란이 일어났습니다. 볼셰비키는 페트로그라드에서 이 반란을 진압하는 데 크게 활약했는데, 그 결과 민중은 볼셰비키를 지지하게 되었고 소비에트 안에서도 그 세력이 커졌습니다.

그러자 임시 정부는 볼셰비키 당을 공격했으나 패배했습니다. 러시아를 다스리게 된 볼셰비키 당은 사회주의 국가를 만들어 이름을 소비에트(노동 협의회)라고 짓고 레닌을 대표로 뽑았는데, 이 사건을 러시아 달력에 따라서 '10월 혁명'이라고 합니다. 그러나 온 세계에서 오늘날 사용되고 있는 달력에 따라서 '11월 혁명'이라고도 합니다.

러시아가 사회주의 국가가 된 후에 세계는 자본주의 국가와 사회주의 국가로 나누어 대립하게 되었습니다.

여성의 참정권

1918년

여성이 예로부터 정치적 권리를 갖지 않았던 것은 아닙니다. 중세 이래 유럽의 귀족 여성과 고위 여성 중에는 참정권을 가진 사람도 있었습니다.

1789년, 프랑스 혁명이 시작되기 직전 1775년에 삼부회가 소집되었을 때 소수의 여성이 그 권리를 행사했습니다.

그러나 이 권리는 봉건적 특권이었기 때문에 혁명 과정에서 파기되고 말았습니다. 그리고 혁명에 의해 세워진 정부는 시민 계급의 남성에게 보장된 참정권을 여성에게 주려고 하지 않았습니다.

여성은 남성에게 매어서 집안일만 하고 정치에 참여할 필요가 없다는 것이 당시 지배적인 사고 방식이었습니다.

시민혁명은 여성에게 낡은 권리를 빼앗고 새로운 권리를 주지 않았던 것입니다. 이러한 사태에 부닥치자 여성들은 그대로 있지 않았습니다.

19세기 후반부터 여성들의 참정권을 요구하는 운동이 시작되었습니다. 특히 미국과 영국 여성들이 적극적으로 나섰습니다. 영국 여성들은 참정권에 대한 시민의 서명을 받아 의회의 의원을 찾아갔습니다. 하지만 의원들은 여성의 참정권을 인정하지 않았습니다.

그러자 여성들은 더욱 강력하게 항의했습니다.

어떤 여성은 의회에 들어가 의자에 자신의 몸을 밧줄로 묶어 눈길을 끌기도 했고, 미술관에 들어가 그림을 찢거나 불태웠고, 상점의 진열대를 부수기도 했습니다.

제1차 세계 대전이 시작되자 영국은 전쟁에 여성을 끌어들이지 않으면 안 된다고 생각한 정부는 전쟁이 끝나면 참정권을 주겠다고 약속하고 여성들을 전쟁에 참가시켰습니다. 이렇게 해서 전쟁이 끝난 1918년에 30세 이상의 여성에게 참정권이 주어졌습니다.

1919년

81 중국의 5·4운동

1918년, 미국의 윌슨 대통령은 14개 조의 평화 원칙을 발표했습니다.

그 내용 가운데에는 민족 자결주의가 들어 있습니다. 이 뜻은 모든 민족이 그들의 정치적 조직이나 문제를 다른 민족이나 국가의 간섭이나 압력을 받지 않고 스스로 선택하고 결정하는 것입니다. 민족 자결주의는 힘이 약해 다른 나라의 지배를 받았던 식민지에게 큰 희망을 주었습니다.

중국은 그 동안 독일과 일본, 러시아가 서로 차지하려고

싸웠던 나라입니다.

그런데 베르사유 조약에는 중국의 산동을 일본에 넘기도록 되어 있었으며, 조약에 참가한 중국의 관리들은 이러한 내용이 실려 있는 베르사유 조약에 서명했습니다.

파리 강화회의에서는 맨 처음에 중국 대표가 산동의 이권을 중국에게 직접 되돌려 주라고 주장한 것을 영국과 프랑스가 찬성하여 우세한 쪽으로 기울었습니다. 이에 당황한 일본 대표는 각국 대표와의 비밀 회동을 통해 사태를 되돌리려고 했습니다. 그리하여 1917년 2월과 3월에 영국·프랑스·이탈리아·일본이 맺은 일본 지지 비밀 협정과, 1918년 9월에 중국 정부와 체결한 〈산동 문제 처리의 교환 공문〉의 밀약을 사용해 간접적으로 되돌려 주기로 했습니다.

이 소식이 중국에 전해지자 중국의 약 3천 명의 학생들은 5월 4일 천안문 광장에 모여 독립을 위해 행진하기 시작했는데, 이 사건을 5·4 운동이라고 합니다.

5·4 운동을 통해서 중국인들은 어떻게 하면 나라를 바로 세울 수 있을지, 어떤 나라를 세워야 할지 고민했습니다. 이리하여 중국은 비로소 민주주의와 사회주의 등 여러 가지 국가 형태에 관심을 가지게 되었고 또 서양 문화에도 눈을 뜨기 시작했습니다.

1920년

82 국제 연맹의 성립

제1차 세계 대전이 일어나자 처음에는 독일이 잇따라 승리했습니다.

그러나 영국에게 바다를 빼앗기자 독일은 몹시 어려운 형편에 부닥치게 되었습니다. 왜냐하면 바다를 이용해 식량과 무기를 더 이상 들여올 수 없었기 때문입니다.

독일은 다시 바다를 차지하기 위해 교전 해역에 들어온 협상국과 중립국의 배를 모두 가라앉히기로 한 무제한 잠수함 작전을 시작했습니다.

이 작전 때문에 미국의 시민들이 크게 다치자 그 동안 전쟁에 참가하지 않았던 미국은 이것을 구실로 전쟁에 참가하여 독일을 공격했습니다. 이 때부터 전투마다 계속해서 밀리게 된 독일은 황제 빌헬름 2세가 네덜란드로 망명하면서 더 이상 전쟁을 계속할 수 없게 되자 1918년 11월 11일 마침내 항복하고 말았습니다.

제1차 세계 대전이 끝나고 1919년 1월에 연합국 측 32개국 대표가 파리 강화 회의에 모여 회의를 열었습니다.

　이 회의는 전쟁에 이긴 나라 중에서도 미합중국 대통령 윌슨을 비롯하여 영국 수상 로이드 조지와 프랑스 수상 프레망소 등 세 나라 대표가 결정할 수 있는 권한을 쥐고 있었습니다.

　한편, 독일은 이 회의에 참석할 수 없었고, 연합국측이 결정한 조건을 무조건 받아들여, 1919년 6월 28일 베르사유 궁전에서 베르사유 조약을 맺었습니다.

　전쟁을 겪는 동안 세계는 비로소 평화가 중요함을 깨닫게 되었습니다. 그래서 1920년에 42개국이 만나서 힘을 모아 평화를 지키기 위한 모임을 만들었는데, 이것이 국제 연맹입니다. 그런데 미국과 독일 및 러시아는 국제 연맹에 참가하지 않았습니다.

1929년~1932년

83 세계 대공황

1929년의 미국에서는 이상한 일이 일어나고 있었습니다. 공장 주인들은 물건이 너무 많아 버리는데, 일반 시민들은 물건을 살 수 없어 이곳 저곳을 돌아다녔습니다. 이런 현상은 그 무렵 세계 각지에서 동시에 벌어졌기 때문에 이를 세계 대공황이라고 합니다.

미국은 부자가 많았지만 가난한 사람도 많은 나라였습니

다. 부자였던 공장 주인들은 더 많은 돈을 벌고 싶었기 때문에 물건을 많이 만들었습니다. 그러나 사람들은 돈이 없어서 만들어 놓은 물건을 살 수가 없었습니다.

그래서 팔리지 않은 물건은 공장에 쌓여 있고 일반 시민들은 물건을 구할 수 없는 현상이 일어난 것입니다. 그러자 공장 주인들은 물건을 적게 만들려고 했으며 그러기 위해서는 전보다 적은 노동자가 필요했습니다.

공장 주인들은 남는 노동자들을 내보내 버렸고 일자리를 잃은 사람들은 점점 많아져서 물건을 살 만한 돈을 가진 사람은 더욱 줄어들었습니다.

공장 주인들은 은행에서 돈을 빌려 공장을 운영했는데 물건을 팔지 못해 은행 돈을 갚지 못하자 이 바람에 은행도 하나 둘씩 망했습니다.

은행에 돈을 맡긴 사람들은 돈을 찾을 수가 없었고, 돈이 있는 사람들은 더욱 줄어들었으며, 물건은 더욱더 팔리지 않게 되었습니다.

이리하여 세계 대공황은 4년 동안이나 계속되었으며 미국에서 시작된 대공황은 세계 곳곳에 영향을 끼쳤습니다. 세계의 많은 노동자들은 일자리를 찾아서 거리를 헤매고 세계는 자본주의가 만들어 낸 이상한 가난에 빠져들게 되었습니다.

1933년

84 미국의 뉴딜 정책

미국은 공황 때문에 경제적으로 많은 어려움을 겪었습니다. 가난한 사람과 부자의 차이는 매우 심했고, 가난한 사람들이 물건을 사지 못해 생산된 물건은 쌓여 갔습니다.

경제가 몹시 악화되자 '정치는 경제에 끼여들지 않는다' 는 자본주의의 원칙이 무너지게 되었습니다. 결국은 정치가 적극적으로 경제에 끼여들지 않을 수가 없게 된 것입니다.

이 때 미국의 제32대 대통령인 루스벨트는 공공 투자에 의한 실업자 및 남는 물자의 흡수를 꾀하기 위해 처음부터 시작한다는 뜻의 뉴딜 정책을 추진했습니다. 그는 우선 테네시 강 유역 개발 공사법에 서명하여, 이전보다 3분의 1밖에 되지 않는 싼값으로 전기를 공급했고 강 유역의 농업을 진흥시켰습니다. 또한 국가의 돈으로 테네시 강가에 16개의 댐을 만들었습니다.

댐 공사를 시작하자 수많은 실업자들이 몰려들어 일자리를 찾게 되었으며, 돈을 버는 사람들이 점점 늘어나자 공장에 쌓여 있던 물건들도 하나 둘씩 팔리기 시작했습니다.

　이렇게 해서 완성된 테네시 강가의 댐은 홍수를 막아 주는 한편, 댐의 물을 이용하여 수력 발전을 일으키기도 했습니다.

　루스벨트는 또한 긴급 은행법을 만들어 통화의 안정을 가져왔으며, 농업 조정법을 통해 농업을 안정시켰습니다.

　이것은 영국의 경제학자인 케인즈가 처음 생각해 냈습니다. 케인즈는 자본주의가 발전하면 반드시 공황이 올 것이라고 믿고 공황을 벗어나기 위해서는 국가가 발벗고 나서서 해결해야 한다고 생각했습니다.

　케인즈의 이론대로 루스벨트는 경제 문제를 해결하기 위해 국가가 나서서 댐 공사를 벌였던 것입니다. 그리하여 미국은 다시 부유한 나라로 돌아올 수 있었습니다.

85 모택동과 대장정

1934년

중국의 모택동이 활동할 무렵의 나라 안 정세는 매우 어지러웠습니다. 북쪽에 청나라 정부가 있었으나 중국인들은 청나라 정부 대신 다른 지도자를 더 따랐습니다.

　지도자들 가운데 한 사람은 공산당의 모택동으로 중국을 공산주의 국가로 만들자는 것이었고, 다른 한 사람은 국민당의 장개석으로 중국을 자본주의 국가로 만들자는 것이었습니다. 두 사람 모두 북쪽의 청나라 정부를 몰아 낼 생각을 하

고 있었습니다.

　그리하여 중국 국민당과 중국 공산당은 힘을 합쳐 청나라 정부와 싸우기로 했는데 이것을 국공 합작이라고 합니다. 국공 합작을 두려워한 청나라 황제는 스스로 물러났습니다.

　그러나 1946년 7월 장개석의 국민당군이 공산당군을 공격을 시작했습니다. 전면적인 내전이 시작된 것입니다. 처음 1년 동안은 미군의 최신 장비로 무장한 국민당군이 뛰어나게 잘 싸웠습니다.

　430만여 병력으로 이에 대항하는 공산당군은 120만 명이었고 무기도 일본군에게서 빼앗은 구식이 대부분이었습니다. 그리하여 1947년 3월에는 공산당의 본거지인 연안도 국민당군의 공격을 받게 되었습니다.

　공산당의 대표 모택동은 국민당의 공격으로부터 살아 남은 사람들을 이끌고 1만 킬로미터나 되는 거리를 걸으며 공산주의에 대해 선전했습니다. 공산주의를 원하는 사람을 하나로 모은 이 사건을 '대장정'이라고 합니다.

　국민당의 탄압을 받은 공산당은 농촌에 자리를 잡고 토지 개혁을 추진하면서 세력을 키워 중화 소비에트 공화국 임시 정부를 세우고 모택동을 지도자인 주석으로 삼았습니다.

　대장정은 중국이 공산주의 국가가 되는 데 큰 역할을 했습니다.

제2차 세계 대전

1939~1945년

제1차 세계 대전에서 패한 독일은 영국과 프랑스에게 앞으로 다른 나라를 침략하지 않겠다고 약속했습니다. 그러나 나치스의 히틀러는 약속을 지키지 않고 폴란드에 이어 북 유럽과 동 유럽의 작은 나라들을 차례로 점령했습니다.

영국과 프랑스는 독일이 더 이상 다른 나라를 침략하지 못하도록 그들과 싸우기로 결정했습니다. 그러나 이런 사실을 모르는 히틀러는 다른 나라를 침략하는 일을 멈추지 않았습니다. 마침내 히틀러는 러시아에 쳐들어가 러시아의 절반을 점령했습니다.

그러자 일본도 히틀러처럼 세계를 정복하려는 야심을 품고 먼저 중국을 침략하고 태평양과 동남 아시아에 있는 여러 나라들을 정복하려고 했습니다. 하지만 그 나라들 중에는 미국의 식민지도 들어 있었기 때문에 일본은 미국과 싸워야 했습니다.

독일과 일본 및 이탈리아는 동맹을 맺어 서로 도와 가며 전쟁을 일으켰습니다. 그러자 세계 여러 나라들은 힘을 모아 독일 등과 맞서 싸웠습니다.

제2차 세계 대전이 시작되었던 것입니다.

제2차 세계 대전이 일어난 처음에는 독일과 일본, 이탈리아가 전쟁을 유리하게 이끌었습니다. 이 때 미국 등 연합군은 독일군을 속이고 프랑스의 노르망디 해안으로 상륙하여 독일군을 공격했습니다.

이리하여 연합군이 노르망디 싸움에서 승리하자 독일은 항복했습니다. 그리고 일본도 미국이 떨어뜨린 원자 폭탄 두 개를 맞고 무조건 무릎을 꿇고 항복함으로써 전쟁은 끝나게 되었습니다.

제2차 세계 대전은 세계에서 가장 큰 전쟁으로 제1차 세계 대전 때보다 세 배나 많은 사람이 죽었습니다.

1940년

유태인의 수난

유태인은 옛날에 이스라엘 지방에 살다가 땅을 잃고 세계를 떠도는 민족이었습니다. 그들은 유럽 인들과는 다른 유대교라는 종교를 가지고 있기 때문에 옛날부터 유럽 인들의 미움을 받아 왔습니다.

유태인들의 종교인 유대교는 유일신을 믿는 보기 드문 종교이며, 이 세상의 종말에 '메시아'가 나타나 헤브라이 인만이 신에 의해 선택받은 민족으로 구제받을 것이라는 선민 사상을 믿는 종교입니다.

야훼란 '내가 있다'라는 뜻으로 천지를 창조한 전능한 신, 군신, 율법과 정의의 신, 다른 신을 믿는 것을 금하는 질투심이 강한 신으로, 유대교의 경전은 《구약성서》입니다.

유대교에서는 메시아라 칭하는 예언자가 차례로 나타났는데, 그들 중에는 새로운 종교를 만들어 시작하는 사람도 있었습니다. 그리스도 교의 창시자 예수와 이슬람 교의 창시자 마호메트도 자기 자신을 메시아라고 칭했습니다.

유태인은 몇천 년 동안 나라를 갖지 못하고 정처없이 이곳 저곳을 떠돌면서도 자기 민족과 종교에 대해 중요하게 생각했습니다.

이런 점에서 히틀러는 유태인이 독일 민족보다 더 뛰어나다고 생각했습니다. 또 제1차 세계 대전 때 유태인이 연합군 편에 서서 독일과 맞선 것도 히틀러가 유태인을 싫어한 이유 가운데 하나였습니다.

히틀러는 나치 독일의 수상이 되자마자 독일 안에 있는 유태인들을 눈에 띄는 대로 잡아들여 죽였습니다.

또 제2차 세계 대전 때도 가장 먼저 유태인들을 붙잡아 죽였습니다. 히틀러는 유태인을 죽이는 데 쓰는 총알이 아까워 한 군데에 모아 놓고 가스로 죽이는 등 그 방법이 매우 잔인했습니다.

1945년

88 원자 폭탄의 출현

1941년 12월 8일, 일본군은 태평양의 미군 기지인 하와이의 진주만을 몰래 공격하여 태평양 전쟁을 일으켰습니다. 그 후 일본은 말레이를 비롯해 필리핀과 자바·수마트라·버마(오늘날의 미얀마) 등을 점령했습니다.

그러나 물량면이나 정보와 선전면에서 더 뛰어났던 연합국 측이 서서히 힘을 발휘하여 1942년 하반기가 되자 전세는 크게 바뀌었습니다.

미국은 1942년 6월의 미드웨이 해전에서 승리하여 태평양 해역을 차례차례 되찾고 일본 본토까지 공습하여 1945년에 오키나와에 상륙했습니다.

그리고 동부 전선에서는 1943년 1월의 스탈린 그라드 전투에서 독일의 정예 군인 30만 명이 무너진 이후 소련군은 곳곳에서 독일군을 무찌르고 동유럽을 제압했습니다.

5월에는 아프리카 전선에서 영국군이 이탈리아 군을 무찔러 무솔리니는 9월에 항복했습니다.

1944년 6월 6일, 연합군은 공군의 엄호를 받으며 4700척의 선박과 전함을 이끌고 프랑스의 노르망디에 상륙하여 8월에 파리가 해방되었습니다. 그리고 1945년 5월에 독일의 베를린이 함락되자 히틀러는 스스로 목숨을 끊었습니다.

일본의 여러 도시에 무차별 폭격을 계속한 연합군은 일본에게 무조건 항복하라고 했으나 일본은 끝까지 항복하지 않고 전쟁을 계속했습니다. 미국은 일본에게 항복을 받아 내기 위해 마침내 1945년 8월, 히로시마와 나가사키에 원자 폭탄을 떨어뜨렸습니다. 그제야 일본은 무조건 항복을 했고 이로써 제2차 세계 대전은 막을 내렸습니다.

원자 폭탄은 제2차 세계 대전 때 처음으로 사용한 폭탄이었습니다. 일본에 떨어진 원자 폭탄으로 인해 히로시마에서 14만 명, 나가사키에서 7만 명이 죽는 인명 피해가 생겼습니다.

1945년

89 국제 연합의 탄생

1941년 8월, 미국의 루스벨트 대통령과 영국의 처칠 수상은 대서양에서 회담을 하고 공동 선언 즉 대서양 헌장을 발표했습니다.

이 헌장에는 영토를 넓히지 않을 것과, 모든 나라가 무기를 적게 가질 것, 제2차 세계 대전을 일으킨 나라들은 군대를 갖지 못하게 하는 것 등 8개 조항의 내용이 들어 있습니다.

대서양 헌장을 통해 세계는 평화의 중요성을 깨닫게 되었습니다. 그 후 제2차 세계 대전이 끝나기 직전인 1945년 6

월에 50개국 대표들이 모여 국제 연합 헌장 채택 회의가 열렸으며, 이 해 10월에 51개국이 참가하여 국제 연합을 정식으로 만들었습니다.

국제 연합의 임무는 '국제 평화 및 안전의 유지'이며, 경제적 및 사회적 국제 협력과 신탁 통치입니다. 이를 실행하기 위해서 주요 조직으로 다음과 같은 기구를 두었습니다. 우선 전체 가맹국에 의한 총회, 안전 보장 이사회와 신탁 통치 이사회 및 경제 사회 이사회 등 3개 이사회, 국제 사법 재판소와 사무국 등입니다.

본부를 미국의 뉴욕에 둔 국제 연합은 국제 연맹이 제2차 세계 대전을 막지 못했다는 반성에서부터 평화가 위협받거나 깨어지는 때에는 강제 행동을 할 수 있다는 것과, 총회의 결의는 종전의 이전에 모든 회원이 결정하는 대신 다수결로 결정하는 방식을 택했습니다.

이와 같이 국제 연합은 주로 국제 연맹의 모자란 점을 손질하여 평화 유지의 임무를 보다 강력하게 수행할 수 있도록 하려는 뜻에 따라 조직과 권한을 크게 고쳤습니다.

그러나 국제 연합의 결정은 미국·영국·소련·프랑스·중국 등 5개국만이 총회 이상의 권한을 갖는 안전 보장 이사회의 상임 이사국으로 거부권을 가지고 있어서 국제 연합의 의사 결정권을 손에 넣었습니다.

90 중동의 갈등

1948년

오랜 옛날, 유태인은 이스라엘에서 살았습니다. 그러나 나라를 빼앗긴 후에는 뿔뿔이 흩어져 그때부터 2천 년 동안 세계 여러 나라를 떠돌아 다녔습니다.

유태인들은 흩어져 있는 유태 민족을 한데 모아 다시 나라를 세워야 한다고 생각했습니다. 이것을 가리켜 시오니즘이라고 합니다.

제2차 세계 대전이 끝나자 유태인은 모두 모여 조상이 살았던 조국을 찾아가 나라를 세웠는데, 1945년에 세워진 나라가 바로 이스라엘입니다. 국제 연합은 새로 세워진 이스라엘을 인정해 주었습니다.

이스라엘이 세워지기 전에 그 땅은 아랍 국가들 것이었습니다. 아랍이란 이집트를 비롯하여 사우디아라비아와 이라크 등 서남 아시아에 있는 나라들을 말합니다.

아랍 인들은 이슬람 교를 믿었으므로 유태교를 믿는 이스라엘 인들이 가까이 있는 것을 좋아하지 않았습니다. 그래서 이스라엘을 나라로 인정하지 않았습니다.

　아랍 인들은 서로 힘을 합쳐 독립을 선언한 이스라엘과 전쟁을 벌였습니다. 1948년에 일어난 이 전쟁을 '중동 전쟁'이라고 합니다. 이 전쟁에서는 이스라엘이 압도적인 승리를 거두어 1949년의 휴전 협정에서 팔레스타인 영토의 80퍼센트를 이스라엘이 다스리게 되었습니다.

　하지만 그 후로도 아랍 인들은 이스라엘을 내쫓기 위해 테러 행위를 하거나 틈만 나면 전쟁을 일으켰습니다. 1972년 8월 26일부터 열린 제20회 뮌헨 올림픽에서 이스라엘 선수단 숙소를 습격한 것도 바로 아랍 인들이었습니다.

91 중화 인민 공화국 수립

1949년

1946년 7월, 중국에서는 장개석이 이끄는 국민당 군사가 모택동이 이끄는 공산당을 공격하기 시작했습니다. 처음 1년 동안은 미군에게서 받은 최신 장비로 무장한 국민당군이 압도적으로 우세했습니다.

그러나 국민당군은 지난날의 일본군처럼 도시와 도로를 손에 넣는 데 그쳤고, 장개석 정부는 오랫동안 국민들에게 고통을 주었기 때문에 인기가 없었습니다.

미국의 원조금은 정부 관리들의 호주머니에 들어갔고, 국민들에게서 거두어들인 많은 세금은 나라를 위해 쓰이지 않고 개인 이름으로 은행에 예치되었습니다.

이와는 반대로 모택동이 거느리는 공산당은 '민중의 물건은 바늘 하나라도 가져서는 안 된다'는 정신 교육을 받아 우수한 군대를 길렀습니다.

공산당군은 언제나 대중에게 봉사하고 괴로움과 즐거움을 함께하려고 애를 썼기 때문에 민중들은 이들을 인민 해방군으로 부르게 되었습니다.

또한 인민을 위하여, 인민과 더불어 싸우는 자세를 가지고 있었으므로 가는 곳마다 대중의 열렬한 환영을 받았습니다.

한편, 국민당의 일당 독재에 실망한 민중과 군대는 국민당 정권에 반대하기에 이르렀습니다.

그리고 미국 또한 장개석 정부에 아무리 원조해도 헛일이라고 느끼고 손을 떼자 공산당이 중국 전체를 다스리게 되었습니다.

그리하여 1949년 10월 1일, 모택동은 마침내 북경의 천안문 광장에 모인 수많은 군중 앞에서 '중화 인민 공화국'의 성립을 큰 소리로 선언했습니다.

1950~1980년대

92 매카디 선풍

제2차 세계 대전이 끝나자 그 동안 식민지였던 나라들이 독립해서 새로운 출발을 했습니다.

미국은 새롭게 출발하는 나라들이 미국을 본받아 자본주의 국가가 될 것이라고 생각했으며, 그들이 자본주의 국가를 세울 수 있도록 도와 주었습니다.

그러나 몇 개의 식민지는 소련의 지원을 받아 공산주의 국가를 세웠습니다. 특히 인구가 많은 중국이 공산주의 국가가 되자 미국은 충격을 받았습니다.

미국은 공산주의자들을 그대로 놓아 두면 또다시 세계가 전쟁에 휘말릴 수 있다고 생각했습니다. 그래서 소련과 중국을 비롯한 공산주의 국가들을 멀리했습니다. 바로 이 때 미국의 상원 의원인 매카디가 1950년 2월, 국무부에 205명의 공산주의자가 있다고 고발했습니다.

매카디는 계속해서 전국적으로 호전적인 반공 운동을 부추겼습니다.

이 때 미국 관리들은 정부 안에 있는 공산주의자들을 찾아서 처리하지 않으면 미국도 공산주의 국가가 될 수 있다고 생각했습니다.

그래서 공산주의자로 보이는 사람들을 잡아서 다른 나라로 쫓아 버리거나 감옥에 보냈는데 이 때 공산주의자가 아닌 사람이 누명을 쓴 경우도 많았습니다.

이렇게 극단적으로 공산주의를 반대하는 것을 '매카디 선풍'이라고 합니다.

미국의 매카디 선풍은 세계 자본주의 국가로 퍼졌습니다. 이리하여 자본주의 국가와 공산주의 국가는 서로를 적으로 여기게 되었는데, 이러한 세계적인 분위기를 냉전이라고 합니다.

93 제3세계의 출현

1955년

제2차 세계대전으로 서 유럽 각국과 일본, 소련 등의 세력은 약해지고 오직 미국만이 군사적, 경제적 세력을 키웠습니다. 그로 인해 식민지 지배 체제가 동요되어 1940년대 후반 태평양 전쟁 중에 일본군이 점령했던 인도네시아와 베트남 및 필리핀 등이 차례차례 독립하고 영국의 식민지였던 인도와 파키스탄 및 버마, 실론 등도 독립했습니다.

게다가 1949년에는 중화 인민 공화국이 세워졌으며 1950년대 말까지 홍콩과 마카오를 제외한 아시아의 거의 모든 식

민지가 독립했습니다.

 이러한 움직임은 서 유럽이 중심이었던 19세기적 질서를 무너뜨리는 사건이었습니다. 20세기 말 아시아의 여러나라들은 인류의 역사를 움직이는 큰 세력으로 다시 역사의 무대로 나타난 것입니다.

 제2차 세계 대전이 끝나자 그 동안 식민지였던 나라들은 독립해서 각각 그들만의 국가를 만들었습니다. 이 때 소련은 이들이 공산주의 국가를 만들기를 바랐고 미국은 자본주의 국가를 만들기를 바랐습니다.

 그러나 독립 국가에게 가장 중요했던 것은 자본주의나 공산주의가 아닌 독립 그 자체였습니다.

 1955년 4월에 인도네시아 반둥에서는 아시아와 아프리카 대표가 모인 가운데 제1회 아시아·아프리카 회의(반둥 회의)가 열렸습니다.

 중립주의를 적극적으로 내세운 인도의 수상 네루와 인도네시아의 대통령 수카르노 등이 중심이 되어 반둥 10원칙을 채택했는데, 기본적인 인권과 유엔 헌장 존중, 내정 불간섭, 반식민지주의, 상호 협력, 평화 공존, 비동맹 등이었습니다.

 이로써 미국이나 소련의 어느 쪽에도 딸리지 않는 '제3세계'가 나타나게 되었습니다.

1962년

94 쿠바 사태

가장 가까운 이웃 나라이면서도 공산주의를 받아들인 쿠바를 미국은 싫어했습니다. 그리하여 미국의 케네디 대통령은 한때 쿠바를 공격할 계획을 세우기도 했으나 실현되지는 않았습니다.

소련은 미국의 공격을 받을 뻔한 쿠바를 보호하기 위해서 쿠바에 핵 미사일 기지를 설치하게 되었습니다.

쿠바는 미국과 가까운 거리에 있었으므로 쿠바의 미사일 기지는 미국에게 위협을 주었습니다. 그래서 미국이 쿠바의 항구로 들어가는 길을 막는 바람에 핵 미사일을 운반하던 소련의 배들은 쿠바로 들어갈 수 없었습니다.

그리하여 바다 위에서 맞서고 있던 미국과 소련이 전쟁을 시작하려는 위험한 상태에 놓이게 되었습니다.

케네디 대통령은 생각 끝에 소련의 흐루시초프 수상을 만나 대화로 이 문제를 해결했습니다.

미국은 소련 수상에게 쿠바를 공격하지 않겠다고 약속했고, 소련도 미국 대통령에게 더 이상 쿠바 사태에 간섭하지

않겠다고 서로 약속한 것입니다.

쿠바를 지키기 위해 머무르고 있던 소련의 군인들도 모두 철수했습니다.

미국과 소련은 쿠바 사태로 인해 화해를 했고 두 나라의 지도자는 언제든지 대화를 할 수 있도록 전화를 놓았습니다. 이렇게 미국과 소련이 화해하자 세계적으로 감돌고 있던 냉전 분위기가 차차 사라졌습니다.

그 후 자본주의 국가들과 공산주의 국가들 사이에 화해 분위기가 싹트게 되었습니다.

1969년

95 아폴로 11호의 달 착륙

"**휴스턴**, 여기는 고요의 바다. 독수리는 착륙했다."

1969년 7월 16일, 미국의 아폴로 11호 달 착륙선 독수리호가 달의 고요의 바다에 착륙했을 때 선장인 닐 암스트롱은 휴스턴의 비행 관제 센터에 이렇게 보고했습니다. 마침내 인간이 지구 이외의 천체에 처음으로 발을 밟게 된 것입니다.

그 당시 인공 위성, 달 탐측기, 유인 위성선 등 모든 분야에서 소련에게 자리를 빼앗긴 미국은 세계 제일이라는 자부심에서라도 인간의 달 착륙만은 결코 소련에게 뒤질 수 없다고 생각했습니다.

그 후 실험을 거듭한 끝에 인간이 아폴로 우주선에 탄 것은 1968년 10월이었습니다. 이 때의 아폴로 7호는 우주를 돌기만 했습니다. 이어서 1968년 12월, 미국은 아폴로 8호를 단숨에 달까지 왕복 비행하게 했습니다.

아폴로 8호가 달을 10바퀴 돌고 무사히 지구에 돌아온 후 미국은 이어서 8호에는 싣지 않았던 달 착륙선을 시험했습니다. 이 아폴로 9호는 지구를 돌면서 달 착륙선이 모선에서 떨어져 단독 비행을 했습니다. 그리고 10호에서는 달까지 날아가서 모선에서 떨어져 나간 달 착륙선이 달 표면 15킬로미터 지점까지 다가갔습니다.

그 뒤를 이은 아폴로 11호의 달 착륙선이 드디어 달 착륙에 성공했는데, 아폴로 11호가 달에 착륙하고 나서 6시간 가량 지난 후 암스트롱은 달 착륙선의 사다리를 타고 내려가 달 표면에 우뚝 서서 '인간에게 있어서 이것은 작은 한 걸음이지만, 인류에게 있어서는 큰 비약이다'라고 말했습니다.

미국은 그 후에도 아폴로 계획을 추진하여 17호까지 6회에 걸쳐 달 착륙에 성공했고, 12명의 우주 비행사가 달 표면을 걸었습니다.

1973년

96 석유값 파동

세계에서 석유가 많이 나는 나라는 이란·이라크·쿠웨이트·사우디아라비아 등입니다. 이들은 대부분 아랍 국가들로, 세계에서 쓰는 석유의 70퍼센트 이상이 이 곳에서 나오고 있습니다.

그러나 석유값은 이 나라들이 아닌 선진국에서 결정했기 때문에 아랍 및 여러 국가들은 선진국과 석유값을 의논할 수 있도록 기구를 만들었습니다. 이 기구를 오펙(OPEC), 즉 석유 수출국 기구라고 합니다.

그런데 아랍 국가들과 이스라엘은 사이가 좋지 않아 전쟁이 자주 일어났습니다.

특히 1967년에 일어난 아랍과 이스라엘의 전쟁에서 이스라엘은 아랍 국가의 땅을 빼앗았는데, 이는 미국이 최신 무기를 주었기 때문입니다.

그런 까닭으로 해서 아랍 국가들은 미국을 싫어하게 되었습니다.

그 무렵, 미국은 아랍 국가에서 석유를 들여오고 있었습니다. 아랍 국가들은 이 약점을 이용해서 힘을 모아 선진국 회사들과 의논도 하지 않고 석유값을 올렸습니다. 또 미국에는 석유를 팔지 않겠다고 선언했습니다.

 아랍 국가는 1973년 한 해 동안 석유값을 4배나 올렸기 때문에 미국은 물론 세계 여러 나라는 산업을 발전시키지 못해 경제적 큰 손해를 입었습니다.

 이로 인해 미국을 비롯한 선진국들은 더 이상 아랍 국가를 우습게 볼 수 없었습니다.

 그 결과 석유값을 결정하는 권한을 몇몇 선진국에서 석유 수출국 기구로 넘겼습니다.

1986년

97 고르바초프의 제도 개혁

옛날의 소련은 공산주의 국가였습니다. 공산주의 국가는 모두 다같이 일하고 똑같이 나누어 갖는 평등한 나라였습니다. 공산주의 국가는 개인의 재산을 인정하지 않고 나라에서 음식과 생활용품을 나누어 주었습니다.

그래서 소련 국민들은 부지런히 일하지 않았고, 물건을 만들어 내는 능력이 점점 떨어졌습니다. 뿐만 아니라 공산주의

국가는 자본주의 국가와 무역을 하지 않았기 때문에 더욱더 가난해졌습니다.

1985년에 소련 공산당 서기장(뒷날의 대통령)이 된 고르바초프는 심각한 경제난에 빠져 있는 소련의 재건에 착수했습니다. 그는 아프가니스탄으로부터 소련군을 철수시키고 중국과의 관계 개선과 군사비를 대폭 줄이는 등의 개혁을 단행하여 1987년에는 미국측의 모든 요구를 받아들여 중거리 핵전력 폐기 조약에 조인했습니다.

그리고 경제적인 어려움을 해결하기 위해 재건과 개혁의 뜻인 페레스트로이카와 정보 공개를 뜻하는 글라스노스트를 내걸고 체제를 개혁하기 시작했습니다.

또한 공산권인 동구 여러 나라에 대해서도 동등한 국가 관계를 이루는 방침을 내세웠습니다. 이러한 페레스트로이카와 글라스노스트는 동 유럽에 있는 여러 공산주의 국가에게 영향을 끼치게 되었습니다.

그리하여 폴란드에서는 '연대', 헝가리에서는 '민주 포럼', 체코슬로바키아에서는 '시민 포럼', 동독에서는 '새 포럼' 등 시민 조직이 결성되었고, 이러한 민주화 운동이 추진된 결과 1989년에 동구 혁명이 이루어졌습니다.

1986년

98 우루과이 라운드 협상

1947년, 관세의 차별 대우를 없애기 위해 각국 대표가 스위스의 제네바에 모여 협정을 맺었는데, 이를 가트(GATT), 즉 '관세 및 무역에 관한 일반 협정'이라고 합니다.

그 후 1986년 9월에 남미 우루과이에서 가트 회의가 열렸는데 이 회의를 우루과이 라운드라고 했습니다.

이 회의에서는 주로 농산물의 무역에 대해 의논했습니다. 미국은 세계 각국이 모든 종류의 농산물을 자유롭게 수출하거나 수입할 수 있게 하자고 주장했습니다. 또 농산물에 대한 관세를 없애야 한다고 말했습니다.

관세란 한 국가가 외국에서 수입한 물품에 매기는 세금인데, 관세를 높게 매기면 그 물건 가격은 비싸지게 됩니다. 그러면 국민들은 값비싼 수입 물건보다 값싼 자기 나라 물건을 많이 삽니다.

그래서 모든 나라들은 자기 나라에서 수출하는 물건에 관세가 낮게 매겨지는 것을 좋아했습니다. 그래야 수출이 잘 되기 때문입니다.

 이와는 반대로 자기 나라에서 수입하는 물건에는 관세를 높게 매기려고 했습니다. 이렇게 하면 수출은 늘어나는 대신 수입은 줄어들게 됩니다.
 미국이 우루과이 라운드에서 농산물의 관세를 낮추자고 주장한 것은 농산물 수출을 많이 하기 위해서입니다.
 주로 농산물을 수입하는 나라에서는 미국의 의견에 반대했습니다.
 그러나 우루과이 라운드 협상 후 8년 동안의 회의 끝에 마침내 1993년, 농산물의 관세를 낮추고 수입과 수출을 자유롭게 한다는 데 의견 일치를 보게 되었습니다.

1990년

99 독일의 통일

1990년 10월 3일 자정이었습니다.

베를린의 브란덴부르크 문 옆에 있는 제국 의회 의사당 광장에는 수십만 명의 군중들이 모여 있었고, 국기 게양대에 독일 국기가 천천히 게양되었습니다. 그러자 군중들은 일제히 독일 국가인 〈자유의 종〉을 합창하는 가운데 자유가 이르렀음을 알렸습니다.

이어서 군중의 환성이 터지며 폭음과 함께 불꽃이 밤하늘을 아름답게 수놓았습니다. 동서로 나뉘어졌던 독일이 실로 45년 만에 통일이 되는 순간이었습니다.

독일은 제1차 세계 대전과 제2차 세계 대전을 일으켰으나 두 전쟁에서 모두 졌습니다. 제2차 세계 대전이 끝나자 세계의 여러 나라들은 독일이 또다시 전쟁을 일으키지나 않을까 걱정했습니다.

그래서 베를린을 중심으로 독일을 동부 독일과 서부 독일로 나누어 한동안 미국과 소련이 나누어 다스렸습니다.

그 경계선은 미국과 소련이 물러난 이후에도 그대로 남아 두 나라가 되었고, 두 나라는 벽돌로 높은 담을 쌓아 놓고 서로 다니지 못하게 했습니다.

 그리하여 서부 독일은 발전하여 부유한 나라가 되었지만 동부 독일은 갈수록 가난해졌습니다. 동부 독일인들은 열심히 일하는 사람이나 그렇지 않은 사람이나 똑같은 대우를 하는 공산주의 정부에 불만이 많았습니다.

 그 무렵은 소련과 동 유럽 등 공산주의 국가들은 개혁을 하거나 하나 둘씩 자본주의 국가로 돌아서고 있을 때였습니다. 그리하여 동부 독일 정부도 국민들의 요구에 따라 마침내 공산주의를 그만두기로 결정했습니다. 이로써 마침내 하나의 독일로 통일되었습니다.

100 지국에서 사라진 소련

1991년

1991년 12월 8일, 세계 역사에 영원히 기록될 큰 사건이 일어났습니다.

공산주의의 대표였던 소비에트 사회주의 공화국 연방, 즉 소련이 사라진 것입니다. 보리스 옐친 러시아 공화국 대통령을 중심으로 하여 우크라이나 공화국 대통령과 백러시아 최고 회의 의장 등 3명이 '독립 국가 공동체'의 창립을 선언했습니다. 이들 3명은 비공개 회담을 가진 후 소련을 해체하고 외교·국방·핵 통제권을 공동으로 다루는 공동체를 만든다고 발표했습니다.

연방 대통령 고르바초프는 '3개국만의 합의로 소련의 운명을 결정할 수는 없다'고 반대했습니다. 그러나 나머지 8개 공화국들이 잇달아 공동체에 들어오겠다는 뜻을 밝히자 고르바초프로서는 이를 받아들일 수밖에 없었습니다.

따지고 보면 소련의 해체는 고르바초프의 페레스트로이카 정책에서 비롯되었다고 할 수 있고, 고르바초프로서는 페레스트로이카 정책을 펼 수밖에 없는 상황이기도 했습니다.

사회주의 국가였던 소련은 사회주의의 단점을 알게 되었습니다. 사회주의란 모든 국민이 생활에 필요한 것을 함께 만들어 내고, 그것을 함께 나누어 쓰는 경제 제도를 말하는데, 이렇게 국가가 모든 경제를 맡아서 운영하는 것을 계획 경제라고 합니다. 계획 경제는 모든 사람이 능력과 상관 없이 생산물을 나누어 받는 것입니다. 따라서 사람들은 부지런히 일하려고 하지 않았고, 그만큼 만들어 내는 물건도 적어질 수밖에 없습니다. 그 때문에 소련은 점점 가난해졌고 경제는 어려움에 빠졌습니다.

옐친 대통령은 더 이상 계획 경제를 하면 안 된다고 생각했습니다. 그리고 소련이라는 국가를 해체하기로 한 것입니다.

소련이 해체되어 태어난 독립 국가들이 모여서 독립 국가 연합을 만들었는데, 그 대표는 여전히 옐친 대통령이었습니다.

1991년

101 핵전쟁의 공포

1949년 9월, 구 소련은 원자 폭탄 실험에 성공했습니다. 그리고 10월에는 중화 인민 공화국(중공)'이 수립되어 미국은 자기 나라 세력권에 있던 중국을 잃었습니다.

한국 전쟁과 미국과 소련의 수소 폭탄 실험이 성공하자 두 진영 사이에 불신과 공포가 가득했으며, 대규모의 핵군 확장과 군사 블럭화가 진행되었습니다. 1955년 나토에 대항하는 동 유럽 여러 나라의 바르샤바 조약 기구가 설립됨으로써 지구상의 많은 나라들은 미국과 소련 두 나라의 영향 아래에 놓이게 되었습니다. 특히 1962년, 소련의 쿠바 미사일 기지

설치와 이의 철수를 요구하는 미국의 해상 봉쇄는 미국과 소련이 핵전쟁을 시작함으로써 하마터면 인류가 멸망하는 사건이 일어날 뻔했습니다.

위기에 다다른 미국의 대통령과 소련의 수상은 서로 대화를 나누어야 할 필요성을 강하게 느끼고 미국의 백악관과 소련의 크렘린 사이의 직통 통신선인 '핫라인 협정'을 맺었습니다. 또 미국과 영국, 소련은 부분적 핵실험 금지 조약과 핵확산 방지 조약을 맺어 미국과 소련을 중심으로 핵무기의 관리를 꾀했습니다.

지구상에는 오늘날 많은 핵무기가 있습니다. 핵무기는 라듐으로 만든 무기로, 지구를 폐허로 만들 정도로 매우 강력한 힘을 가지고 있습니다. 제2차 세계 대전 때 미국에서 처음으로 개발하자 소련도 핵무기를 개발했습니다.

그리고 핵무기 만드는 기술은 비밀리에 알려져 다른 나라들도 서둘러 핵무기를 개발해 냈습니다. 그리하여 국가 사이의 작은 다툼에도 핵전쟁을 일으켜 세계가 멸망할 수 있는 지경이 되었습니다.

1991년, 미국은 그 동안 숨겨 놓았던 단거리 핵무기를 없애겠다고 선언했습니다. 그러나 아직까지도 핵무기는 지구에 남아 인류의 평화를 위협하고 있습니다.

재미있는 101장면 **세계사 이야기**

• 초판 1쇄 2012년 1월 10일 발행 • 초판 4쇄 2016년 2월 10일 • 엮은이 한명준 • 그림 이기호
• 펴낸곳 아이템북스 • 표지디자인 김영숙 • 편집디자인 정서운 • 인쇄 신화인쇄 • 출력 토탈프로세스
• 출판등록 2001년 8월 7일 제2-3387호 • 주소 서울 마포구 서교동 444-15

• 파본이나 잘못된 책은 교환해 드립니다.